PAGE DE DROITE

« Petit banquet » par Valckenborch, Lucas Van et Georg Flegel [1563-1638].

Opava, Slezke Muzeum. Photo AKG-Images.

Eric BIRLOUEZ

Festins princiers
et repas paysans
à la Renaissance

Editions OUEST-FRANCE

À LA RENAISSANCE, TOUT CHANGE... Y COMPRIS L'ALIMENTATION DES ÉLITES

Des bouleversements historiques dont l'impact se fait aussi sentir sur l'alimentation

À l'orée du XVIe siècle, les « puissants » du royaume de France ont les yeux tournés vers l'Italie. C'est en effet dans cette partie du continent européen qu'est né, un siècle et demi auparavant, un formidable mouvement de renouveau intellectuel et artistique, le *Rinascimento* (en français, la Renaissance). L'évocation de cette période fait immédiatement surgir dans notre esprit de magnifiques images. Celles de lettrés fascinés par l'Antiquité gréco-romaine et désireux de faire *re-naître* – c'est l'origine du mot Renaissance – l'esprit et les œuvres des philosophes, poètes et bâtisseurs de cette époque glorieuse. Images aussi d'intellectuels « humanistes » proposant, tels Érasme, Montaigne et Rabelais, des façons radicalement nouvelles de penser l'Homme et son rapport au monde. Visions d'imprimeurs s'emparant fiévreusement de l'invention de

PAGE DE GAUCHE
Arcimboldo, peintre maniériste de la Renaissance italienne, est surtout connu pour ses portraits composés en juxtaposant fruits, légumes et autres éléments végétaux ou, comme ici, animaux.
Bâle, Banque Dreyfus Collection. © Dagli Orti.

CI-CONTRE
Au début du XVIe siècle, les élites françaises découvrent le mouvement de « renaissance » intellectuelle et artistique qui a germé en Italie cent cinquante ans plus tôt.
Le peintre florentin Sandro Botticelli est une des grandes figures de ce retour aux sources de l'Antiquité gréco-romaine.
Avignon, Musée du Petit Palais.
© RMN/René-Gabriel Ojeda.

PAGE DE DROITE
Dirigeant de la République de Florence pendant la seconde moitié du *Quattrocento*, Laurent de Médicis, dit « le Magnifique », reçoit ici l'hommage des ambassadeurs des grandes puissances.
Ce généreux mécène a soutenu les érudits, poètes, artistes et architectes de son temps.
Italie, Florence, Palazzo Vecchio.
© Archives Alinari, Florence, distr. RMN/Raffaello Bencini..

leur confrère de Mayence, un certain Gutenberg, pour diffuser à tous vents les savoirs anciens et nouveaux. Images, encore, de courtisans raffinés participant à des fêtes somptueuses dans d'élégants palais et châteaux des bords de Loire. Ou de princes éclairés – ducs et doges des cités-États du nord de l'Italie, rois de France – soutenant peintres et poètes, sculpteurs et architectes. Et n'hésitant pas, pour conférer toujours plus d'éclat et de prestige à leur règne, à rivaliser entre eux pour s'attacher les services d'un Léonard de Vinci ou d'un Michel-Ange, d'un Titien ou d'un Raphaël. Enfin, comment notre imagination ne serait-elle pas enflammée par ce beau mot de *Renaissance* dont l'évocation nous entraîne dans le sillage de ces audacieux navigateurs portugais et

espagnols, avides d'ouvrir de nouvelles routes maritimes et de découvrir de luxuriants et parfumés Eldorados.

L'éblouissement est tel que nous en venons à oublier que ce siècle eut aussi sa face sombre. En prenant prétexte d'héritages qu'ils affirmaient leur revenir de plein droit (le duché de Milan et le royaume de Naples), quatre rois de France successifs – Charles VIII, Louis XII, François Ier et Henri II – se lancèrent dans les « guerres d'Italie », des conflits aussi longs (soixante-cinq ans au total) que meurtriers, ruineux et, au final, sans résultat territorial tangible. Au nom du même Dieu, catholiques et partisans de la Réforme s'entre-tuèrent sur notre sol pendant plus de quatre décennies. Et la (re) découverte fortuite, le 12 octobre 1492, d'un *Nouveau Monde* par Christophe Colomb, un marin génois mystique et obstiné, aboutit à un effroyable génocide : les neuf dixièmes de la population amérindienne ne survécurent pas aux mauvais traitements et, surtout, au « choc microbien » (importées par les Conquistadors, la variole et d'autres maladies virales firent des ravages au sein de communautés dépourvues de défenses immunitaires contre ces fléaux).

À des titres et des degrés divers, tous ces événements historiques ont exercé une influence sur l'alimentation des élites sociales françaises et européennes. Ainsi, la Réforme protestante s'est, dès le début, érigée contre les interdits alimentaires imposés par l'Église de Rome : Luther a autorisé la consommation de viande, de produits laitiers et de graisses animales pendant le Carême ; mais il a condamné tout aussi fermement la gourmandise et le raffinement culinaire, et il a prôné dans ce domaine la plus grande retenue. De son côté, l'imprimerie a permis de diffuser dans toute l'Europe livres de cuisine et recueils de recettes ; leurs lecteurs ont ainsi pu connaître les préférences et les habitudes alimentaires et culinaires des peuples voisins. Enfin, l'exploration des Amériques a permis d'introduire sur le Vieux Continent des denrées dont l'existence était, jusque-là, totalement ignorée : pomme de terre, tomate, piment et poivron, maïs, haricot, chocolat, dinde… Mais, à quelques exceptions près, ces nouveautés issues d'outre-Atlantique ne rencontreront dans un premier temps aucun succès sur notre territoire : il faudra ainsi attendre trois siècles pour que pommes de terre et tomates commencent à garnir les assiettes des mangeurs français ! En fait, c'est d'Italie principalement que sont venues les innovations qui, au XVIe siècle, ont modifié les mœurs alimentaires des couches aisées de la société française.

CI-DESSUS
Né en Périgord en 1533, l'écrivain et philosophe humaniste Michel de Montaigne fut un des plus grands esprits de la Renaissance.
Ses « Essais » ont eu une influence considérable sur la manière de penser des élites intellectuelles de son époque.
Versailles, Châteaux de Versailles et de Trianon. © RMN (Château de Versailles)/Gérard Blot.

C'est d'Italie que viennent les changements

À cette époque, ce sont en effet les cours princières de la Péninsule qui dictent les modes au reste du continent européen. Cette influence italienne s'exerce dans tous les domaines : dans les arts et l'architecture, dans la littérature et la poésie, dans les techniques et les sciences, dans les vêtements et dans… l'alimentation. Depuis la fin du *quattrocento* (ce mot italien est la contraction de *mille quattrocento* et correspond au quinzième siècle), nos voisins transalpins ont développé une cuisine dont le raffinement, l'élégance et l'originalité séduisent l'aristocratie des pays voisins. À l'instar des érudits et des artistes de Florence et de Sienne, de Venise et de Milan, de Rome et de Naples, les cuisiniers italiens puisent eux aussi leur inspiration dans l'Antiquité romaine : tombé dans l'oubli pendant les mille ans du Moyen Âge, le livre de recettes d'Apicius, un gastronome romain du début de l'ère chrétienne, refait surface. Il est à nouveau l'objet de copies à partir du XVe siècle puis, grâce à l'invention de Gutenberg, de très nombreuses impressions au siècle suivant. Mais les cuisiniers transalpins s'inspirent également beaucoup des cuisines arabes, andalouses, catalanes ainsi que des traditions des différentes régions de l'Italie.

À DROITE
Comme les lettrés et les artistes, les cuisiniers italiens s'inspirent de l'Antiquité romaine et redécouvrent les recettes d'Apicius, un « gastronome » des débuts de l'ère chrétienne.
Au XVIe siècle, leurs recherches culinaires influencent fortement leurs confrères des autres pays européens.
Chantilly, Musée Condé.
© RMN (Domaine de Chantilly)/R.-G. Ojeda.

Radis, citrouille, chou-fleur, saucisson et… festin : les mots italiens envahissent la langue française

Au XVIe siècle, l'Italie exerce également son influence culturelle sur la langue française. Près de 8000 mots d'origine transalpine auraient ainsi été introduits dans notre vocabulaire, environ 800 demeurant encore utilisés de nos jours. Parmi eux, certains font référence à l'alimentation et à la cuisine. C'est le cas, entre autres, des mots festin (*festino* : repas de fête, de *festa* : fête, 1526), radis (de *radice* : racine, 1507), citrouille (de *citrus*, citron… par analogie de couleur, 1536), saucisson (*salsiccione*, de *salsiccia* : saucisse, 1546), chou-fleur (de *cavolo fiore*, 1611), bocal (de *boccale* : vase à rafraîchir, 1532) ou encore récolte et récolter (*ricolta*, 1558). Le mot salade avait quant à lui été introduit dès la fin du Moyen Âge (de *insalata* : mets salé, 1350) de même que le mot banquet (*banchetto* : festin, de *banco* : banc).
À cette liste, on pourrait ajouter ces innombrables variétés de *pasta* dont nous avons conservé le nom italien : *spaghetti, macaroni, tagliatelle, gnocchi, cannelloni, lasagne, ravioli, tortellini, penne* et autres *fettucini*. Et n'oublions pas, pour compléter cette énumération gourmande, la *mortadelle*, la *mozzarella*, le *carpaccio* ou encore le *cappucino*. L'invasion de mots italiens fut si rapide et massive que certains « puristes » de l'époque s'en étaient émus. Ce fut notamment le cas du célèbre imprimeur huguenot Henri Estienne qui, en vrai « tyran des mots » (c'est ainsi que lui-même se qualifiait), consacra plusieurs ouvrages à sa critique du « *nouveau langage françois italianizé* » parlé à la cour d'Henri IV.

CI-CONTRE
L'influence italienne conduit aussi les aristocrates français à accroître et à diversifier leur consommation de fruits.
Trévise, Museo Civico. Collection Dagli Orti.

PAGE DE GAUCHE
L'artichaut, mis en valeur sur cette allégorie de l'été peinte par Arcimboldo, est un des légumes que la noblesse française découvre grâce aux Italiens.
Paris, Musée du Louvre. © RMN/J. G. Berizzi.

C'est donc bien dans la péninsule italienne, et non en France comme on l'affirme parfois, que naît véritablement le culte du « bien manger ». Dès le XVe siècle, dans les régions du nord et du centre de l'Italie, des amateurs de gastronomie et de bonne chère prennent l'habitude de se réunir régulièrement pour goûter de nouveaux plats et en disserter longuement.

Fascinée par les splendeurs des cours italiennes et par le raffinement de leurs tables, la noblesse française n'a de cesse de les imiter. Les changements qu'elle introduit dans ses habitudes alimentaires concernent tout d'abord la consommation des légumes et, dans une moindre mesure, des abats. Auparavant méprisés par les aristocrates, ces aliments se trouvent réhabilités et, s'agissant des légumes, des nouveautés comme les asperges et les artichauts, font leur apparition. L'influence des transalpins se manifeste également par une consommation de fruits qui devient plus diversifiée. De son côté, le beurre entame une lente mais irrésistible ascension. Beaucoup plus marqué et rapide est l'essor des mets sucrés : les « maîtres queux » (cuisiniers) de la Péninsule diffusent au-delà des Alpes leur passion pour le sucré. L'aristocratie française découvre alors avec délices d'infinies variétés de pâtisseries, desserts sucrés, confiseries, confitures... ainsi que les sculptures et décorations en sucre, autres grandes spécialités italiennes. En revanche, comme nous l'avons déjà signalé, les « aliments de la Découverte » (de l'Amérique) n'apparaissent pas encore sur les tables du XVIe siècle, à l'exception notable de la dinde et des piments qui, eux, connaissent un succès quasi immédiat.

Le changement touche également le domaine des arts de la table et celui des « manières de table ». La Renaissance française est en effet l'époque où se précisent et se codifient les normes relatives à la « bonne » façon de se tenir à table. C'est aussi la période de notre histoire où, de façon progressive, l'acte de manger tend à s'individualiser : venues elles aussi d'Italie, la fourchette, l'assiette, la serviette individuelle commencent à apparaître sur la table des riches.

Une alimentation et une cuisine qui demeurent fondamentalement médiévales

Sous l'influence italienne, le style d'alimentation et les manières de table des aristocrates et riches bourgeois français vont donc se modifier. Avant de décrire dans le détail ces évolutions, notons que celles-ci ne vont pas s'opérer de façon brutale. À la fin du XVIe siècle, elles ne constituent toujours pas une rupture radicale avec les habitudes des siècles précédents : les bases et les principes de l'alimentation et de la cuisine médiévales demeurent, pour l'essentiel, inchangés. Ainsi, comme leurs ancêtres du Moyen Âge, les membres des classes dominantes continuent de consommer de grandes quantités de viande : celle-ci est toujours un symbole de force physique et de puissance

CI-CONTRE
Comme leurs ancêtres du Moyen Âge, les nobles de la Renaissance continuent de valoriser très fortement la viande ; et, particulièrement, le gibier, symbole de leur statut social de « puissant » (*Bible manuscrite*, 1526).
Valenciennes, Bibliothèque municipale. Collection Dagli Orti.

CI-DESSUS
Aux XIVe et XVe siècles, les classes aisées succombent à la « folie des épices ».
À la Renaissance, cet engouement manifeste des premiers signes d'essoufflement.
(« La récolte du poivre », manuscrit du XVe siècle.)
BnF, Ms fr 2810, f° 84. Photo BnF.

sexuelle, de richesse et de pouvoir, ces valeurs étant très valorisées par les élites sociales de l'époque. Le gibier, produit de la chasse, est toujours privilégié, et dans les fastueux banquets princiers, on n'a pas encore renoncé à servir des grands volatiles comme les cygnes, les hérons, les paons, les faisans, les grues ou encore les cigognes. Leur déclin, sur lequel nous reviendrons, sera progressif tout au long du XVIe siècle.

Une autre particularité de l'alimentation des classes dominantes à la fin du Moyen Âge était l'emploi des épices, dans des proportions… considérables. Dans les livres de recettes des XIVe et XVe siècles, ces ingrédients étaient très fréquents (on note leur présence dans plus de trois recettes sur quatre), ils étaient employés à des doses incroyablement élevées et, enfin, leur variété était impressionnante : cannelle, clou de girofle, noix de muscade, cumin, gingembre, safran, anis, poivre rond ou encore cardamome… À cette liste dont les noms nous sont familiers s'ajoutaient beaucoup d'autres épices dont les dénominations ne nous disent plus rien aujourd'hui : poivre long, galanga, graine de paradis, macis, spic nard, cubèbe, mastic, citoual… Au XVIe siècle, à l'époque de la Renaissance française, cette « folie des épices » n'a pas disparu : les maîtres queux les utilisent toujours abondamment, même si leur nombre et les quantités employées commencent à diminuer.

Cette utilisation massive des épices n'avait pas pour objectif d'assurer la conservation des aliments : d'autres moyens, bien moins coûteux, existaient. Elle ne visait pas non plus, comme on le dit parfois, à masquer le mauvais goût de viandes qui, souvent, auraient été avariées : en effet, les personnes qui pouvaient se payer ces coûteuses épices – c'est-à-dire les riches – avaient aussi le

privilège de pouvoir manger tous les jours de la viande bien fraîche ! En réalité, les épices étaient convoitées pour d'autres raisons. En premier lieu, elles avaient une fonction de *distinction sociale* : leur usage abondant permettait de faire étalage de sa richesse, d'en « mettre plein la vue ». Originaires de l'Orient lointain et mystérieux – voire même, pour certaines d'entre elles, du jardin d'Éden (le paradis terrestre) – les épices stimulaient l'imaginaire des mangeurs et détenaient une grande puissance symbolique. Par ailleurs, les médecins de l'époque attribuaient aux épices de puissantes vertus médicinales : elles permettaient, disaient-ils, de « *bien cuire les viandes* », l'expression signifiant qu'elles favorisaient la bonne digestion de tous les aliments (et pas seulement de la viande). Une autre raison de l'attrait que les épices continuaient à exercer au XVIe siècle était liée à l'extraordinaire diversité de leurs couleurs, de leurs arômes et de leurs parfums... tellement « exotiques ».

Les hommes de la Renaissance appréciaient également le « sucré-salé » ainsi que la saveur aigre-douce, c'est-à-dire l'association de l'acide et du sucré. Quant aux sauces qui assaisonnaient les mets, elles étaient tout à la fois maigres (aucune matière grasse n'entrait dans leur composition), violemment acides et fortement épicées. Là encore, ces goûts particuliers ne sont en rien des innovations de la Renaissance : ils caractérisaient déjà la cuisine aristocratique de la fin du Moyen Âge.

CI-DESSUS
Marqueurs de la richesse du maître de maison et de son statut de « dominant », les épices font l'objet d'un commerce maritime florissant.
BnF, Ms fr 2810, f° 188v, XVe siècle. Photo BnF.

L'influence de Catherine de Médicis sur la cuisine française : histoire d'un mythe

On lit souvent que les innovations alimentaires et culinaires apparues en France au XVIe siècle doivent beaucoup à l'influence d'une jeune aristocrate italienne, Catherine de Médicis. Mais les historiens d'aujourd'hui estiment que l'on a fortement exagéré l'impact de cette future reine de France sur le style d'alimentation et la cuisine de son pays d'adoption.

Le mythe qui s'est construit autour du prétendu rôle clé de Catherine peut être raconté ainsi... En 1533, la jeune orpheline, nièce et protégée du pape Clément VII, quitte sa ville de Florence pour venir en France épouser le fils cadet de François Ier, le futur Henri II. Après avoir voyagé par mer sur le vaisseau du Saint-Père, elle débarque à Marseille avec, dans ses bagages, une brigade de

CI-CONTRE
L'influence de l'Italienne Catherine de Médicis sur l'alimentation, la cuisine et les manières de table à la cour de France a été largement exagérée par les historiens des siècles passés *(portrait peint par François Clouet, XVIe siècle)*.
Chantilly, Musée Condé.
© RMN (Domaine de Chantilly)/R.-G. Ojeda.

CI-DESSUS
« Les Noces de Cana » de Véronèse représentent le banquet de mariage au cours duquel Jésus change l'eau en vin. La luxueuse vaisselle d'argent et les coupes de cristal donnent une idée de la splendeur des riches tables du XVIe siècle.
Paris, Musée du Louvre.

cuisiniers (Catherine était en effet fort gourmande !). À peine installée à Paris, la princesse aurait demandé à ses maîtres queux florentins de lui préparer les plats et les « douceurs » auxquels elle était habituée depuis sa plus tendre enfance. C'est ainsi qu'auraient été introduits à la cour de François Ier les délices et les raffinements de la cuisine toscane, et que les nobles français, enthousiasmés par toutes ces nouveautés, auraient immédiatement renoncé à leurs rustiques et fort épicés plats médiévaux. À Catherine de Médicis, on a aussi attribué l'importation, dans notre pays, des « manières de table » qui avaient cours au-delà des Alpes. Ce serait également elle qui aurait fait découvrir aux Français la fourchette ainsi que la délicate vaisselle de porcelaine et de verre des artisans italiens. Enfin, elle aurait été l'instigatrice du retour des dames aux tables des banquets princiers. En effet, depuis la fin du Moyen Âge, celles-ci ne voulaient plus participer aux festins organisés par leurs seigneurs et époux. Un auteur contemporain a proposé une explication de ce refus : *« Une conception particulièrement délicate de la bienséance les avait convaincues qu'il ne convenait pas qu'elles fussent vues en train de manger en public, la mastication ayant pour effet, croyaient-elles, de déformer les traits du visage et donc d'attenter à sa beauté.* »

Si la manière de manger des aristocrates français a réellement changé au XVIe siècle, la contribution de l'héritière des Médicis y est certainement bien plus modeste qu'on ne l'a dit. Certes, l'histoire est plaisante à entendre et ravit les amateurs d'anecdotes… mais elle oublie quelques faits essentiels. Lorsqu'elle met le pied sur le sol français, Catherine n'est qu'une toute jeune fille d'à peine quatorze ans : loin d'éblouir les puissants du royaume et de les convertir d'emblée à ses mœurs alimentaires, la petite « banquière italienne », qui s'exprime mal en français et n'est guère séduisante, reçoit un accueil… glacial. C'est vers une autre femme, Diane de Poitiers, la maîtresse de son mari, que convergent tous les regards de la cour. Par ailleurs, Catherine de Médicis n'est pas, loin s'en faut, la première italienne à venir s'établir en France en y apportant ses préférences en matière d'alimentation. Plus de quinze ans avant de lui donner son second fils en mariage, François Ier avait commencé à s'entourer d'artistes italiens (dès 1516, il avait

CI-CONTRE
Bien avant qu'il ne marie son fils, le futur Henri II, à la Florentine Catherine de Médicis, François Ier a découvert, apprécié et importé en France le raffinement des tables princières de l'Italie *(portrait peint par Jean Clouet, XVIe siècle).*
Paris, Musée du Louvre.

CI-CONTRE

Lorsqu'elle arrive en France, Catherine de Médicis n'est en rien un « modèle à suivre » pour la noblesse française qui n'a d'yeux que pour la belle Diane de Poitiers *(dessin de Jean Clouet,* xvi*e siècle).*

Chantilly, Musée Condé. © RMN (Domaine de Chantilly)/R. G Ojeda.

invité Léonard de Vinci à le rejoindre puis, en 1530 et 1532, les peintres Rosso et Primatice). De même, de nombreuses familles nobles, séduites elles aussi par l'Italie, s'étaient déjà attaché les services de précepteurs transalpins.

De surcroît, plusieurs décennies avant l'arrivée en France des maîtres queux de Catherine, des livres de cuisine rédigés par des Italiens avaient déjà été publiés dans notre pays. Ces ouvrages avaient constitué une source d'inspiration inépuisable pour les maîtres queux français : ces derniers avaient su tirer profit des nouvelles recettes et techniques décrites dans ces livres pour perfectionner leur art. Certains de ces cuisiniers de France jouissaient d'ailleurs d'un tel prestige qu'ils avaient été embauchés par les cours princières italiennes. Ce fait est intéressant car il montre que l'excellence culinaire n'était pas l'apanage exclusif de l'Italie : dans les territoires situés au-delà des Alpes, les talents de nos compatriotes étaient eux aussi reconnus par les élites locales.

CI-DESSUS

Outre la fourchette, on a souvent attribué à Catherine de Médicis l'introduction en France des verres délicats et finement travaillés des artisans de Venise.

Écouen, Musée national de la Renaissance. © RMN/S. Maréchalle.

CI-CONTRE
Sur cette fresque, on voit le pape Sixte IV nommer Bartolomeo Sacchi (*alias* Platine) directeur de la bibliothèque du Vatican.
À la fin du XVe siècle, ce grand érudit – qui n'a jamais exercé le métier de cuisinier – a rédigé l'un des plus célèbres ouvrages culinaires de la Renaissance.
Musée et Galerie du Vatican.
Collection Dagli Orti..

« De l'honnête volupté… »

Un des tout premiers ouvrages ayant fortement inspiré les cuisiniers français de la Renaissance est celui de Bartolomeo Sacchi, imprimé vers 1475 à Rome sous le titre *De honesta voluptate et valetudine* (« Du plaisir honnête et de la santé »). La version en langue française paraît en 1505 à Lyon et est intitulée *Le Platine en françois.* « *Il Platina* » était en effet le surnom de l'auteur de ce recueil de recettes, de techniques culinaires et de conseils diététiques qui n'était en réalité… ni cuisinier, ni médecin ! Né en Lombardie, cet humaniste et gastronome italien fut d'abord précepteur auprès de la famille des Médicis. Il entra ensuite au service de plusieurs papes, dont Sixte IV qui le nomma préfet (directeur) de la bibliothèque du Vatican, un poste prestigieux.

Dès sa parution, le *De honesta voluptate* connaît un extraordinaire retentissement dans tous les pays européens (il sera réédité près de vingt fois en seulement quatre-vingts ans). De façon totalement nouvelle pour l'époque, Bartolomeo Sacchi, *alias* Platine, ne se contente pas de décrire des recettes. Il mentionne aussi les plaisirs, sensations et émotions que leur consommation lui avait procurés, et notamment les plats confectionnés par Maître Martino, le grand cuisinier italien du Quattrocento (XVe siècle). Platine est ainsi le premier à promouvoir « l'honnête plaisir » que l'on peut éprouver à déguster des plats savoureux. Cette façon de voir est tout à fait révolutionnaire à une époque où l'Église condamne fermement la recherche du plaisir. Pour autant, Platine ne prône pas une jouissance sans entraves : selon lui, le plaisir alimentaire doit demeurer raisonnable, de façon à ne pas mettre en péril la santé du mangeur.

Bartolomeo Scappi, le cuisinier aux mille recettes

L'ouvrage de Platine n'est pas le seul *best-seller* culinaire de la Renaissance. À la même époque, plus d'une cinquantaine de recueils de recettes sont publiés en Italie. Plusieurs d'entre eux sont traduits en français et dans d'autres langues européennes, ce qui atteste du rayonnement international des cuisiniers de la Péninsule. Parmi tous ces écrits, les plus appréciés sont les traités de Cristoforo Messisbugo et, plus encore, un livre dont le titre est *Opera*. Cet ouvrage, publié à Venise en 1570, est l'œuvre (c'est d'ailleurs le sens du mot latin *opera*) de Bartolomeo Scappi. Originaire du nord de l'Italie, cette future « star » internationale des fourneaux débute sa carrière par un coup d'éclat : en 1536, à la demande du cardinal qui l'employait, il organise un banquet somptueux en l'honneur de Charles Quint. Auréolé de ce premier succès, il se rend ensuite à Rome où il devient cuisinier au palais pontifical et sert trois papes successifs.

L'ouvrage de Scappi décrit près de mille recettes de cuisine ! Pour chaque mois de l'année, il propose une dizaine de menus différents ainsi que des recettes adaptées aux personnes malades ou convalescentes. L'auteur y dispense également des conseils pratiques pour évaluer la qualité des produits du

OPERA DI
BARTOLOMEO
SCAPPI
MASTRO DELL'ARTE DEL CVCINARE,
con laquale ſi può ammaeſtrare qual ſi voglia Cuoco,
Scalco, Trinciante, o Maſtro di Caſa.
DIVISA IN SEI LIBRI.
NEL
Primo ſi intende il ragionamento che fa l'Autore con Giouanni ſuo diſcepolo.
Secondo ſi tratta di diuerſe viuande di carne, ſi di quadrupedi come di volatili.
Terzo ſi parla della ſtatura, e ſtagione di ogni ſorte di peſci.
Quarto ſi moſtra le liſte del preſentar le viuande in tauola di graſſo, & magro.
Quinto ſi contiene l'ordine di far diuerſe ſorti di paſte, & altri lauori.
Seſto ſi ragiona de'conualeſcenti, e molte altre ſorte di viuande per gli infermi.
Con le Figure che fanno dibiſogno nella Cucina.
Aggiontoui nuouamente il Trinciante, & il Maſtro di Caſa.
DEDICATE AL MAG. M. MATTEO BARBINI
Cuoco, e Scalco celeberrimo della Città di Venetia.
IN VENETIA, Per Aleſſandro de'Vecchi. MDCXXII.

CI-DESSOUS
Cent ans après l'ouvrage de Platine, un autre Italien, Bartolomeo Scappi, publie « Opera », un recueil qui comporte plus de mille recettes !
Collection Dagli Orti.

CI-CONTRE
Pour la première fois dans l'histoire des traités culinaires, l'ouvrage de Scappi comporte des dessins représentant l'agencement des cuisines dans la Péninsule au XVIe siècle.
BnF, Réserve des livres rares. Photo BnF.

marché, qu'il s'agisse de viandes, de poissons, de légumes ou encore de fruits. Fait rarissime pour l'époque, *Opera* comporte des illustrations qui présentent les cuisines du XVIe siècle, ceux qui y travaillent, les ustensiles qu'ils utilisent, de même que la façon dont est réalisé le service des repas.

Les plats de Scappi portent encore la marque de la cuisine médiévale : ils sont très épicés et ont une saveur acide prononcée.

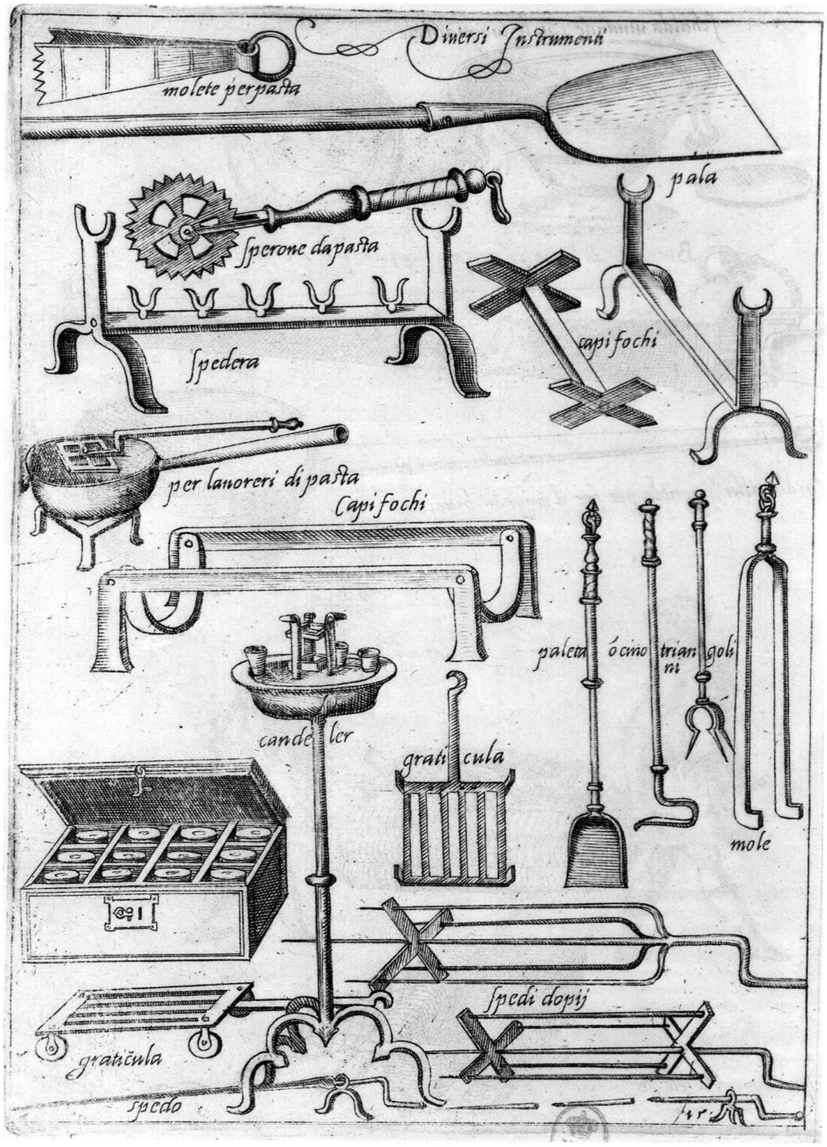

CI-CONTRE
« Opera » présente également des illustrations de l'équipement culinaire dont disposaient les maîtres queux (cuisiniers) transalpins.
BnF, Réserve des livres rares. Photo BnF.

Mais ses recettes présentent quelques nouveautés ou font état de réapparitions. C'est le cas notamment des abats de bœuf, d'agneau, de chevreau ou de porc (foies, rognons, tripes, langue, testicules, cervelle, oreilles, tête ou encore pieds) : ces morceaux étaient très prisés par les Romains de l'Antiquité et ont été redécouverts par les maîtres queux de la Renaissance italienne. Autres nouveautés : l'utilisation du lait et du beurre en cuisine, l'introduction croissante du sucre dans les plats de viande ou de poisson, ou encore la pâte feuilletée, inspirée de la pâtisserie arabo-andalouse et dont *Opera* présente les toutes premières recettes.

Pour l'anecdote, on trouve dans *Opera* une recette intitulée *Per fare pizza a un'altro modo* (Pour faire une pizza d'une autre façon). Bien entendu, le résultat n'a rien à voir avec nos actuelles pizzas dont la tomate – encore pratiquement inconnue en Europe à l'époque – est devenue l'ingrédient incontournable.

CI-DESSUS
Comme leurs prédécesseurs du Moyen Âge, les médecins de la Renaissance expérimentaient et diffusaient des recettes de cuisine pour aider leurs patients à conserver une bonne santé (« *Traité des bêtes, poissons, pierres précieuses et urines* », XVIe siècle). Paris, Musée du Petit Palais. © RMN/Agence Bulloz..

Il s'agit en fait d'une tarte ou d'un gâteau qui peut être sucré ou salé. Dans la liste des ingrédients proposés par Scappi pour cette pizza d'un nouveau genre, figurent cannelle, noix de muscade, clous de girofle, eau de rose et (déjà !) parmesan râpé.

À la fin du XVIe siècle, des cuisiniers non italiens publient eux aussi des livres de recettes. L'Allemand Marx Rumpolt fait paraître *Ein New Kochbuch* à Francfort en 1581. Et en 1599, l'Espagnol Diego Granado publie le *Libro de arte de cozina.* Mais ces ouvrages s'inspirent fortement d'*Opera* et n'apportent rien de réellement nouveau. Même Lancelot de Casteau, le « Maistre Cuisinier de trois Princes de Liège », s'en inspire dans son *Ouverture de Cuisine* (1604).

La mise au point de l'imprimerie par Gutenberg dans les années 1450 avait permis de diffuser beaucoup plus largement les livres de recettes manuscrits apparus à la fin du Moyen Âge. L'imprimerie a également eu pour effet de porter à la connaissance d'un nombre toujours plus grand de lecteurs les ouvrages traitant de diététique. Écrits par des médecins médiévaux ayant vécu entre le XIIIe et le XVe siècle, ces traités proposaient des recettes de cuisine pour conserver la santé.

Un vrai « cordon bleu » : une expression née à la Renaissance...

...Mais qui n'avait toutefois rien à voir avec les talents culinaires de la maîtresse de maison. Le « cordon bleu » était une décoration, la plus illustre de toutes, que convoitaient avidement les aristocrates de l'ancien Régime (au ruban bleu ciel était suspendue une croix de Malte). À l'origine, elle était l'insigne des chevaliers du Saint-Esprit. Henri III avait créé cet ordre en 1578, alors que les guerres de Religion battaient leur plein. Son idée était de regrouper, sous cette bannière prestigieuse, les chefs du parti catholique afin qu'ils manifestent plus d'ardeur dans leur lutte contre les protestants. La Révolution de 1789 s'empressa d'abolir cet ordre, mais la notion de distinction suprême est restée, en se transférant à l'univers culinaire.

Néanmoins, certains spécialistes de l'étymologie ont vu un rapport plus direct entre ce cordon bleu et la bonne chère... Au XVIIe siècle, un petit groupe d'aristocrates gourmets, tous détenteurs de cette décoration, avait pris l'habitude de se réunir régulièrement pour partager un repas « haut de gamme ». Ces déjeuners gastronomiques donnèrent naissance à l'expression, aujourd'hui inusitée, *faire un repas de cordons bleus.* De nos jours, les « cordons bleus » ne sont plus ceux qui dégustent des plats savoureux mais ceux qui les préparent.

À la Renaissance, l'alimentation et la cuisine deviennent des sujets littéraires

On voit ainsi Montaigne décrire par le menu ses préférences alimentaires, le poète Ronsard consacrer un sonnet à la... salade, et Rabelais nous raconter avec force détails les festins de ses héros Pantagruel et Gargantua. Successivement moine, médecin, professeur d'anatomie et écrivain, François Rabelais fut l'un des plus grands humanistes de la Renaissance : cet homme très cultivé parlait plusieurs langues ainsi que le latin, le grec et l'hébreu. Avec humour, il nous a livré de précieux témoignages sur l'alimentation de ses contemporains. C'est le cas lorsqu'il dresse le catalogue de tous les produits qui se mangeaient à son époque, avec les différentes façons de les accommoder. Il mentionne entre autres les œufs que l'on consomme « *frits, perdus, suffoqués, estouffés, traînés par les cendres, jetés dans la cheminée* » et les « *andouillettes caparaçonnées de moutarde* ». De façon surprenante il cite, parmi les poissons de mer et de rivière, la « *balaine* » et les tortues, et il mentionne le « *caviat* » : au XVIe siècle, l'esturgeon (dont les œufs sont à la base de la fabrication du caviar) peuplait les estuaires de nos fleuves.

CI-CONTRE
L'œuvre littéraire de François Rabelais fourmille de détails sur l'alimentation de ses contemporains.
Versailles, Châteaux de Versailles et Trianon.

Parmi les produits de la chasse, Rabelais cite les sangliers, les faisans, les ortolans... mais aussi les porcs-épics ainsi qu'un très grand nombre d'oiseaux sauvages tels que les butors, les aigrettes, les tadornes, les courlis, les pluviers ou encore les flamants.

Le prodigieux appétit de Gargantua

« *Après avoir fienté, pissé, craché, toussé, éternué, etc. Gargantua desjenoyt* [...] *de belles tripes, belleq cabirotades* [rôtis de chevreaux], *jambons et force soupes de prime* [soupe épaisse que mangeaient les moines le matin].

Après la messe et une promenade, Gargantua étudiait pendant quelque meschante demye-heure les yeux assis dessus son livre, mais son âme estoit... en la cuisine !

Enfin il se asseoit à table et parce qu'il estoit naturellement phelgmatique [long à se mettre en appétit] *commençoit son repas par quelques douzeines de jambons, de langues de bœuf fumées, de boutargues* [œufs de poisson], *d'andouilles... Ce pendant, quatre de ses gens luy jettoient en la bouche, l'un après l'autre, continuellement, moustarde à pleines palerées. Après, mangeoit, selon la saison, à son appétit. Et lors cessoit de manger quand le ventre luy tiroit.* »

François Rabelais, *Gargantua*, 1534

CI-DESSUS

L'appétit de Gargantua est célèbre et sa description, sous la plume de Rabelais, est un véritable…. régal !
(estampe de Gustave Doré, XIXe siècle). Paris, BnF. © RMN.

Méprisés par les nobles tout au long du Moyen Âge, les légumes deviennent à la mode

Si les aristocrates italiens manifestaient depuis longtemps un goût prononcé pour les légumes, ce n'était pas du tout le cas de leurs homologues français. Tout au long du Moyen Âge, ces derniers avaient méprisé ces aliments de… paysans, qu'ils jugeaient totalement inappropriés à leur statut social de « dominant ». Les légumes présentaient un inconvénient supplémentaire : ils étaient issus de la terre. Or celle-ci, en comparaison avec les trois autres éléments de l'univers – le feu, le ciel et l'eau –, était considérée comme étant le moins noble. De leur côté, les médecins médiévaux avaient développé tout un arsenal d'arguments diététiques pour justifier, et du coup renforcer, ce dédain des élites sociales à l'encontre des légumes.

Mais le très vif désir d'adopter les mœurs des cours italiennes va conduire les aristocrates du royaume de France à réhabiliter ces aliments. En effet, que ce soit à Rome, à Florence, à Venise ou à Gênes, asperges, concombres et artichauts sont à l'honneur… y compris dans les portraits allégoriques du peintre Arcimboldo où la juxtaposition luxuriante de légumes mais aussi de fruits et d'autres végétaux symbolise telle ou telle saison. À l'origine de cette « mode végétale », l'historien italien Allen Grieco voit l'influence de la cour pontificale du Vatican : ses dignitaires ne pouvant pas consommer de viande (les conciles successifs les ont contraints à l'abstinence), ils cherchent à diversifier leurs nourritures végétales et se montrent friands de nouvelles manières de les préparer et de les cuisiner.

CI-CONTRE
Les cardons font partie de ces légumes que les nobles français, désireux d'imiter leurs voisins italiens, vont introduire dans leur assiette au XVIe siècle. Leur caractère rustique en fera un des aliments préférés des adeptes de la Réforme protestante… portés sur l'austérité.
Paris, Muséum national d'Histoire naturelle, distr. RMN/image du MNHN, bibliothèque centrale.

À GAUCHE
Auparavant méprisés par les élites françaises, les légumes deviennent, à la Renaissance, des aliments « tendance » *(bouquet de légumes, terre vernissée, Italie, XVIe siècle).*
Écouen, Musée national de la Renaissance. © RMN/S. Maréchalle.

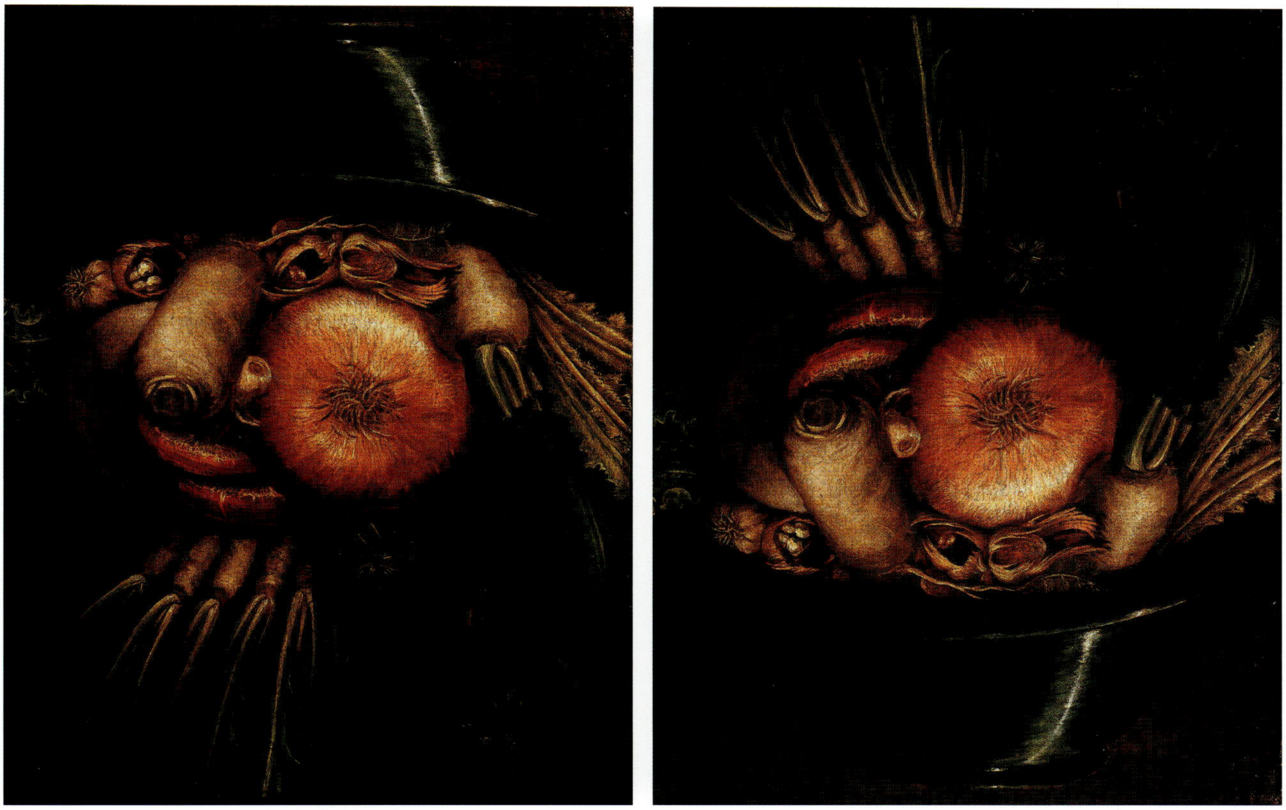

CI-DESSUS
Retournez le portrait et il deviendra une marmite de « pot-au-feu ». Encore une « tromperie » du facétieux Arcimboldo ! *L'Homme potager*, vers 1590.
Crémone, Museo Civico. Collection Dagli Orti.

Soucieuses d'imiter en tous points leurs voisins transalpins, les classes dominantes françaises commencent donc à porter un regard positif sur les légumes qui, du coup, voient leur statut s'inverser : de dédaignés, ils deviennent furieusement « tendance ». L'examen des recueils de recettes montre ainsi qu'à partir de la deuxième moitié du XVIe siècle, les légumes sont de plus en plus souvent présents dans les plats français, et que le nombre d'espèces utilisées s'accroît lui aussi.

Cette réhabilitation se réalise selon deux voies. Tout d'abord, de nouveaux légumes, cultivés en Italie mais pas (ou plus) sur notre sol, apparaissent sur les tables. C'est notamment le cas des artichauts, des cardons et des asperges, qui sont particulièrement appréciés. Les choux-fleurs sont réintroduits en France à la fin du XVIe siècle par les Génois. Parallèlement, des légumes connus de longue date en France, et largement consommés par les petites gens, réapparaissent sur les tables aristocratiques. Les nobles se mettent ainsi à manger carottes, panais, salsifis, raves, épinards, laitues, pourpier, cresson, chicorée, endives, blettes, concombres, cornichons… Ils redécouvrent également les champignons (truffes, morilles et autres champignons sauvages ou cultivés), dont la progression est spectaculaire à partir de 1550. Cet essor des légumes et des champignons se réalise au détriment des plats de céréales et de légumes secs (pois, fèves, lentilles) dont la présence devient moins courante sur les tables des riches. Le poète Pierre de Ronsard n'est pas le dernier à succomber à l'attrait des légumes, dont il fait la promotion en ces termes : « *L'artichot et la salade, l'asperge et la pastenade* [panais ?], *et les pompons tourangeaux* [variété de melon] *me sont herbes plus friandes que les royales viandes qui se servent à Monceau.* »

L'artichaut séduit l'aristocratie française

En Italie du Nord, la culture de l'artichaut est mentionnée à partir du XVe siècle. C'est à Catherine de Médicis, qui en raffolait, que l'on attribue son introduction sur le sol français. Le chroniqueur Pierre de L'Estoile évoque ce légume à propos d'un repas de mariage auquel participa, le 19 juin 1576, la reine de France : « *La reine mère mangea tant qu'elle cuida* [crut] *crever et fut malade* [...]. *On disoit que c'étoit d'avoir trop mangé de culs d'artichauts et de crêtes et de rognons de coq dont elle étoit fort friande.* » Fait intéressant, l'historien Jean-Louis Flandrin note qu'au XVIe siècle, les artichauts étaient considérés comme des fruits et, pour cette raison, étaient consommés au dessert (il en était de même des olives et des truffes). Puis ces aliments ont lentement migré de la catégorie des fruits à celle des légumes.

Le cardon, ce proche parent de l'artichaut aux longues feuilles épineuses, était un des légumes emblématiques des protestants : son caractère rustique convenait bien à la frugalité et à l'austérité qu'ils prônaient. Cultivé par les Romains dans l'Antiquité, le cardon était présent dans les terroirs bordant la Méditerranée. La plante fut introduite dans le canton de Genève au XIVe siècle : une plaine agricole avait été mise à la disposition des paysans huguenots du midi de la France qui, fuyant les persécutions, s'étaient réfugiés en Suisse. Le cardon y trouva un terrain favorable : le sol, profond, permit à ses longues racines de s'y implanter solidement. La tradition s'est maintenue jusqu'à aujourd'hui : une douzaine d'horticulteurs y produisent encore du cardon épineux.

EN HAUT

Au XVIe siècle, les artichauts étaient mangés... au dessert ! (*« Nature morte aux artichauts », Beert Osias l'Ancien, fin XVIe - début XVIIe siècle*).

Musée de Grenoble. © RMN/P. Willi.

Le goût pour les fruits se renforce. Et ceux-ci sont moins souvent servis au début du repas

À la différence des légumes, les fruits étaient, au Moyen Âge, appréciés par la noblesse française. En effet, ces végétaux ne présentent pas le défaut de pousser dans la terre, l'élément considéré comme le plus « vulgaire ». Ils se développent au contact de l'air qui, lui, est au contraire très valorisé. De surcroît, les fruits occupent une position « haute » (il faut tendre la main, voire monter sur une échelle pour les cueillir). Ces caractéristiques les destinent à être consommés par les personnes de rang social… élevé (en revanche, les médecins de l'époque recommandaient la plus grande prudence vis-à-vis des melons et des fraises des bois qui croissent au ras du sol).

Au XVIe siècle, les fruits vont être consommés encore davantage par les élites

CI-CONTRE
Sous l'influence italienne, les nobles français de la Renaissance accroissent et diversifient leur consommation de fruits (« *Jeune garçon avec une corbeille de fruits* », *Le Caravage*, 1593).
Rome, Galleria Borghese. © Archives Alinari, Florence, distr. RMN/M. Magliani.

CI-DESSUS

Le melon, comme l'orange douce et le citron, est un fruit à la mode au XVIe siècle.

Paris, Muséum national d'Histoire naturelle, distr. RMN/image du MNHN, bibliothèque centrale.

sociales françaises. Une fois de plus, l'influence italienne s'est manifestée : depuis le XIVe siècle, les horticulteurs de la Péninsule développent l'arboriculture, ils acclimatent, sélectionnent et croisent les variétés. Et ils transmettent leur passion des fruits aux nobles de la Renaissance française qui se mettent, eux aussi, à se régaler d'oranges douces, de citrons, de melons… De plus en plus souvent, les fruits font l'objet de cuissons, ce qui permet de les apprécier également sous forme de compotes, de « confitures liquides » et de « confitures sèches » (ces dernières regroupant les pâtes de fruits et les fruits confits).

À GAUCHE

Les fruits sont souvent représentés dans les peintures des artistes italiens. Le tableau reproduit ci-contre (« *Fille avec une coupe de fruits* ») est l'œuvre de Titien.

© BPK, Berlin, distr. RMN/J. P. Anders.

Une prune… royale

Un petit fruit d'origine chinoise jouira, à la Renaissance, du privilège de porter le nom d'une épouse royale : la reine-claude. Pour l'acclimater à la terre de France, le naturaliste Pierre Belon – un des plus grands esprits scientifiques du XVIe siècle – avait implanté cette variété de prune dans les jardins du château de Blois. Jardins sur lesquels Claude de France, épouse de François Ier, veillait avec la plus grande attention. La fille d'Anne de Bretagne et de Louis XII était une femme humble qui vivait dans l'ombre de son écrasant et volage mari. Si elle n'était pas d'une grande beauté, elle était en revanche « *très bonne et très charitable, et fort douce à tout le monde* ». La douceur de celle qui fut surnommée « la bonne reine » explique-t-elle qu'en son honneur on donna son nom au fruit sucré ? En tout cas, on peut y voir la juste récompense des mérites d'une femme qui mourut très jeune – à l'âge de 24 ans – totalement épuisée après avoir mis au monde sept enfants.

CI-CONTRE
L'épouse de François Ier, Claude de France, a donné son nom à une variété de prune.
Chantilly, Musée Condé.
© RMN (Domaine de Chantilly)/R.-G. Ojeda.

À partir du XVIe siècle, les fruits commencent, progressivement, à « migrer » vers la fin du repas. Pendant le Moyen Âge, la plupart des fruits juteux (raisins, cerises, pêches, prunes, abricots, figues, melons, mûres…) étaient proposés en entrée. La raison était diététique : les médecins de l'époque classaient en effet ces fruits dans la catégorie des aliments particulièrement « froids » et « humides ». Or, l'association de ces deux propriétés était réputée néfaste à la santé. Ingérer les fruits en tout début de repas avait pour but de les faire séjourner plus longtemps dans l'estomac : ce dernier disposait alors de plus de temps pour les « cuire », c'est-à-dire pour leur ôter, grâce à la chaleur interne du corps, leur excès de « froideur » et « d'humidité » (la digestion était en effet assimilée à une cuisson et l'estomac à la marmite dans laquelle cette opération se déroulait).

À la Renaissance, ces conceptions diététiques commencent à être transgressées par les mangeurs, et la consommation des fruits juteux se déplace vers le dernier service du repas. Cette évolution se manifestera dans le vocabulaire : on appellera ce dernier service le « fruict » (même si, comme nous le verrons, bien d'autres desserts que les fruits y sont proposés). Au début du XVIIe siècle, seuls trois fruits – les melons, les figues et les mûres – sont encore présentés en entrée, ce qui est toujours le cas aujourd'hui pour les melons et les figues que l'on sert pour accompagner le jambon.

CI-DESSUS
Au Moyen Âge, la plupart des fruits étaient consommés au tout début du repas.
À partir du XVIe siècle, ils commencent à migrer vers le dernier service qui, du coup, portera le nom de « fruict ».
© BPK, Berlin, distr. RMN/J. P. Anders.

La consommation des grands oiseaux commence à décliner

Au Moyen Âge, les aristocrates préféraient largement manger des volailles domestiques et des oiseaux sauvages que consommer la viande des animaux de boucherie. Les médecins de l'époque estimaient en effet que la chair des volatiles était « peu nourrissante ». À leurs yeux, c'était une qualité, car cela signifiait que cet aliment convenait parfaitement à l'estomac délicat des nobles « oisifs ». De surcroît, la chair des oiseaux de basse-cour et du gibier à plumes présentait l'avantage, selon les classifications diététiques en vigueur, d'être légèrement « chaude » et « humide », une particularité qui constituait une sorte d'idéal alimentaire. On voit là encore combien était forte, à cette époque, l'emprise de la diététique sur les pratiques alimentaires et les manières de cuisiner. Ce n'est qu'à partir de la Renaissance que les mangeurs et les cuisiniers commenceront, timidement, à s'émanciper des prescriptions des médecins (mais le vrai divorce entre gastronomie et diététique ne se produira véritablement que vers le milieu du XVIIe siècle).

CI-DESSOUS
À la Renaissance, la chair des volailles continue d'être prisée par les aristocrates. Les médecins de l'époque, comme leurs prédécesseurs du Moyen Âge, jugeaient cette viande particulièrement adaptée à l'estomac « délicat » des nobles *(tableau de Joachim Bueckelaer, 1570).*
Londres, The National Gallery, distr. RMN/National Gallery Photographic Department.

Mais la préférence de la noblesse du Moyen Âge pour les oiseaux et, particulièrement, pour les plus grands d'entre eux, répondait aussi à des critères autres que diététiques. Cet attrait était également lié à une vision du monde et à des représentations symboliques. Lors des banquets de prestige, princes et seigneurs médiévaux réclamaient que leur soient servis cygnes, hérons, paons, faisans, cigognes, grues, cormorans ou encore butors et spatules (deux types d'oiseaux échassiers). Tous ces volatiles de grande taille vivent en effet au contact de l'élément « air », que les hommes du Moyen Âge plaçaient symboliquement bien au-dessus des éléments « eau » et « terre ». De plus, parce qu'ils se déplacent dans le ciel, ces grands oiseaux sont physiquement plus proches de Dieu et de ses anges que les animaux aquatiques et terrestres, ce qui leur conférait un statut prestigieux. Enfin, depuis les hauteurs où ils évoluent, ils dominent toutes les autres créatures : ils convenaient donc parfaitement aux représentants du groupe des « dominants ». Dernier atout, ils pouvaient présenter des effets décoratifs somptueux : le cygne, par exemple, était servi revêtu de sa peau et de ses plumes, les ailes déployées et les pattes et le bec dorés à l'or fin. Cela impressionnait les convives et ne faisait que renforcer le prestige du seigneur qui invitait à sa table.

Mais à partir du début du XVIe siècle, tous ces grands oiseaux vont l'un après l'autre disparaître de la table des élites sociales. En effet, la vision du monde et les mentalités des individus évoluent, les règles diététiques sont suivies moins scrupuleusement, et de nouveaux aliments prestigieux, comme le sucre, vont remplacer les grands volatiles (ainsi que les épices) dans leur fonction de *distinction sociale*.

À l'instar des cygnes et des hérons, d'autres aliments étranges à nos yeux vont être abandonnés à partir de la Renaissance : c'est le cas, par exemple, de la langue de baleine ou encore de la chair des marsouins et des phoques.

CI-DESSOUS
À partir du XVIe siècle, les grands oiseaux tels le paon, le cygne ou le héron commencent à être moins fréquemment proposés à la table des rois, princes et grands seigneurs.
Paris, Musée du Petit Palais. Photo The Bridgeman Art Library.

CI-CONTRE
À la Renaissance, l'image du bœuf auprès des aristocrates – une viande « grossière », destinée aux rudes travailleurs de la terre – commence à s'améliorer.
© RMN/M. Bellot.

Les viandes de boucherie connaissent un retour en grâce sur les tables aristocratiques

S'ils préconisaient aux représentants de la noblesse la consommation de volatiles, les médecins du Moyen Âge considéraient en revanche que la viande de bœuf ne pouvait convenir qu'aux rudes paysans, seuls capables d'assimiler cet aliment « terrestre » et « grossier ». Mais au XVIe siècle, le bœuf voit son image s'améliorer. Il en est de même pour les autres viandes de boucherie – veau, mouton, agneau, chevreau – à l'exception notable du porc. En effet, à la différence des autres animaux d'élevage, le porc n'est pas consommé davantage par les aristocrates de la Renaissance : au contraire, les recettes de cette époque ne mentionnent plus qu'un nombre réduit de morceaux de cet animal (lard et

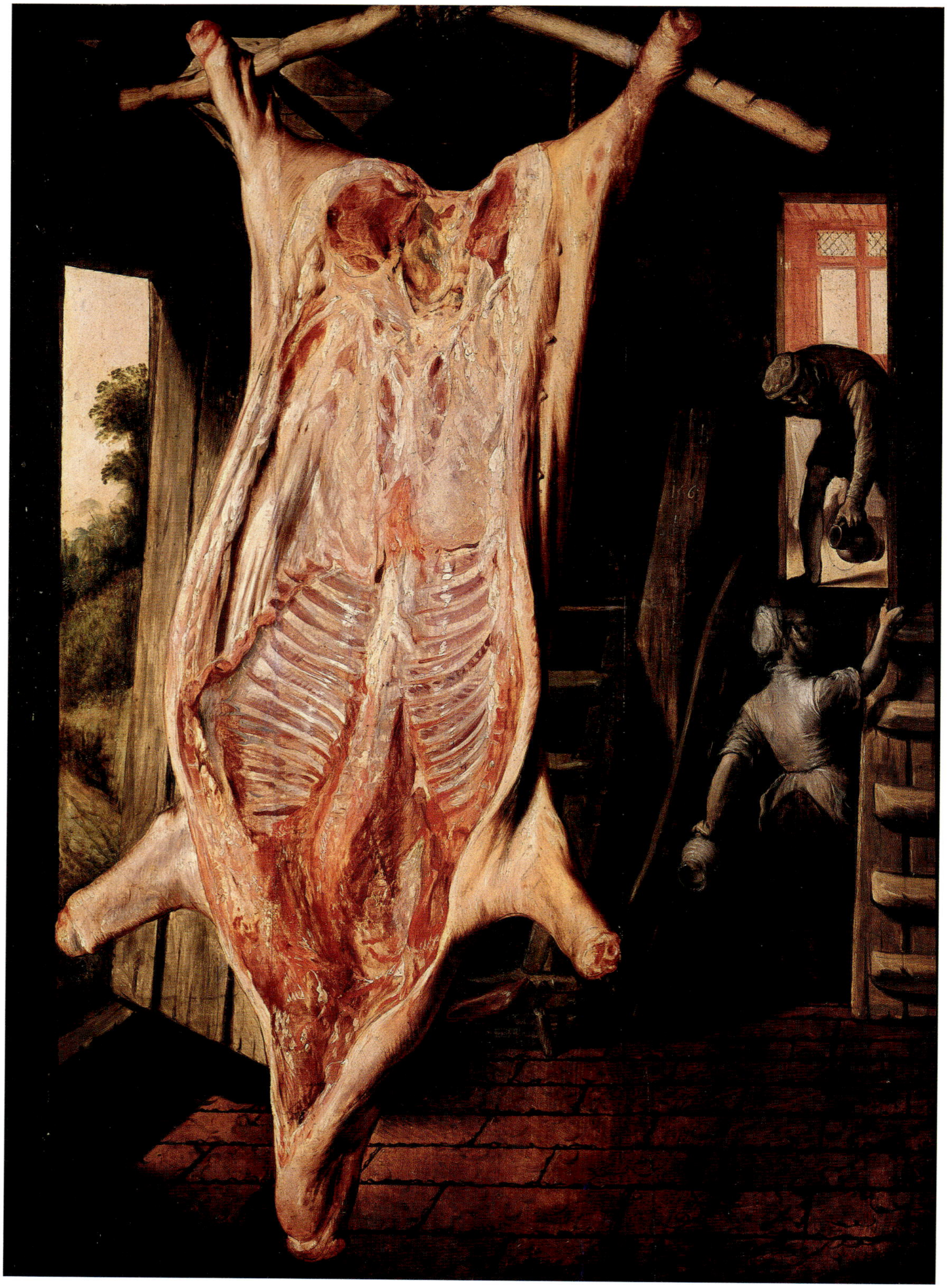

jambon principalement). Cela s'explique probablement par le fait que le porc était de plus en plus considéré comme une nourriture « ordinaire » et « populaire » et que, pour cette raison, il ne pouvait convenir aux personnes de rang social élevé.

De la même façon, le retour en grâce des autres viandes de boucherie à la table des puissants tient peut-être au fait qu'à la Renaissance ces aliments deviennent moins présents dans l'alimentation des paysans. En effet, au XVIe siècle, la population augmente fortement et pour nourrir toutes les bouches supplémentaires, il devient nécessaire de convertir en terres à céréales les prairies et pâtures jusqu'alors vouées à l'alimentation des animaux. Les gens du peuple se mettant à manger moins de viande mais davantage de céréales, les nobles adoptent du coup un comportement inverse qui leur permet de continuer à se distinguer : ils augmentent leur consommation de viande de bœuf et délaissent progressivement les bouillies de froment, d'orge et d'avoine qu'ils appréciaient jusqu'alors.

PAGE DE GAUCHE
La réhabilitation, par les élites, des viandes de boucherie semble liée à la diminution de leur consommation par les couches populaires.
© BPK, Berlin, distr. RMN/L. Braun.

CI-DESSUS
Seul le porc, qui demeure perçu comme une viande « ordinaire », ne voit pas sa consommation augmenter chez les nobles.
Londres, The National Gallery, distr. RMN/National Gallery Photographic Department.

Les abats sont redécouverts

À l'instar des viandes de boucherie, les abats se trouvent eux aussi réhabilités à partir du XVIe siècle. Dans leur redécouverte de la gastronomie de l'Antiquité romaine, les grands « chefs » de la Renaissance italienne, on l'a vu, remettent au goût du jour les viscères des animaux. Ceux-ci étaient en effet très appréciés par les riches citoyens de la Rome ancienne. Dans *L'Art culinaire*, ouvrage attribué à Apicius (le célèbre gastronome romain), les abats du porc sont particulièrement mis à l'honneur. Nombreuses sont les recettes où figurent museau, oreilles, pieds, tripes, rognons, cervelle, estomac ou encore ris de cet animal... sans oublier les tétines et les vulves de truies. Apicius mentionne également d'autres « délices » : les langues d'oiseau, les crêtes de volailles, les testicules de coq ainsi que le foie gras, particulièrement savoureux lorsque les oies sont engraissées avec des figues. Mais au Moyen Âge, le statut de tous ces mets s'était fortement dégradé et ils avaient fini par disparaître des tables aristocratiques. Platine, puis Scappi, les deux grands auteurs culinaires de la Renaissance italienne, vont les sortir de l'oubli. Grand amateur de foie gras, Bartolomeo Scappi cherche ainsi à entrer en contact avec les juifs de Rome : ce sont en effet les seules personnes qui connaissent

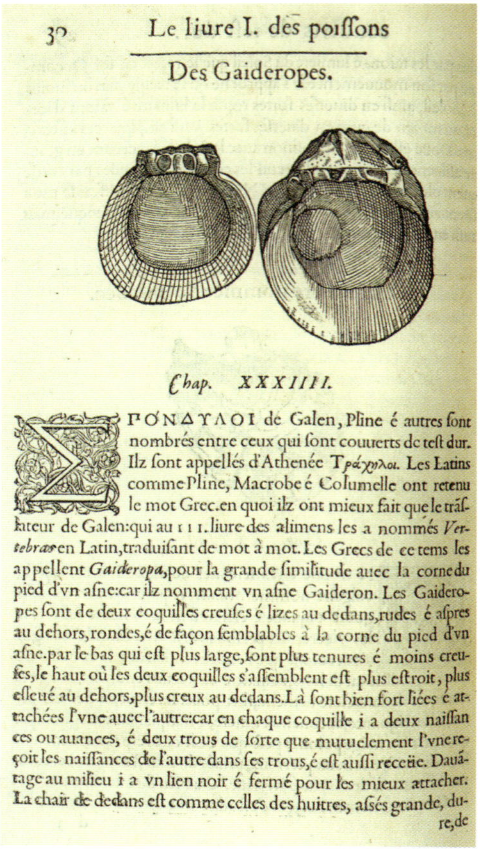

30 Le liure I. des poissons

Des Gaideropes.

Chap. XXXIIII.

ΣΠΟΝΔΥΛΟΙ de Galen, Pline é autres sont nombrés entre ceux qui sont couuerts de test dur. Ilz sont appellés d'Athenée Τράχηλοι. Les Latins comme Pline, Macrobe é Columelle ont retenu le mot Grec.en quoi ilz ont mieux fait que le trãslateur de Galen:qui au III.liure des alimens les a nommés *Vertebras* en Latin,traduisant de mot à mot. Les Grecs de ce tems les appellent *Gaideropa*,pour la grande similitude auec la corne du pied d'vn asne:car ilz nomment vn asne Gaideron. Les Gaideropes sont de deux coquilles creuses é lizes au dedans,rudes é aspres au dehors,rondes,é de façon semblables à la corne du pied d'vn asne.par le bas qui est plus large,sont plus tenures é moins creuses,le haut où les deux coquilles s'assemblent est plus estroit, plus esleué au dehors,plus creux au dedans.Là sont bien fort liées é attachées l'vne auec l'autre:car en chaque coquille i a deux naissances ou auances, é deux trous de sorte que mutuelement l'vne reçoit les naissances de l'autre dans ses trous,é est aussi receüe. Dauãtage au milieu i a vn lien noir é fermé pour les mieux attacher. La chair de dedans est comme celles des huitres, asés grande, dure,de

CI-DESSUS

Le désir de revenir aux sources de l'Antiquité romaine conduit les cuisiniers de la Péninsule à remettre au goût du jour des produits oubliés, tels que les huîtres (illustration de gauche) et les abats (à droite).

À gauche : Paris, Muséum national d'Histoire naturelle, distr. RMN/image du MNHN, bibliothèque centrale.

À droite : Florence, Archives Alinari. © RMN/S. Dulevant.

encore la technique d'engraissement des oies pratiquée dans l'Antiquité. En revanche, c'est Scappi lui-même qui imagine une recette de brochettes dont les ingrédients principaux sont… les yeux de veau. Celle-ci tient en quelques lignes : « *Pocher les yeux et enlever le noir qui est en eux ; les laisser refroidir et les saupoudrer de sel, poivre, fleur de fenouil et cannelle ; les envelopper dans une crépine de veau, de mouton ou de porc ; les faire cuire à la broche en intercalant entre eux de petites tranches de lard ou de jarret de porc. Une fois cuits, les servir bien chaud avec du jus de bigarade* [orange amère], *sucre et cannelle par-dessus.* »

Outre les abats, les maîtres queux italiens réhabilitent également les huîtres, ainsi que les œufs des poissons (comme le caviar d'esturgeon) et leur laitance (sperme), aliments dont se régalaient les riches citoyens romains de l'Antiquité.

Les assaisonnements évoluent mais les épices demeurent prisées

À la fin du Moyen Âge, les sauces étaient très acides, fortement épicées et, contrairement à une idée reçue, absolument pas grasses : aucune des recettes de sauces décrites dans les deux principaux livres de cuisine du XIVe siècle ne comporte d'huile ou de beurre. À partir de la Renaissance, les assaisonnements commencent à être moins acides et moins épicés, et la proportion de recettes comportant du beurre ou de la crème s'accroît régulièrement. Comme au Moyen Âge, les épices demeurent malgré tout très fréquemment employées : elles sont présentes dans deux recettes sur trois en

CI-CONTRE
À partir du XVIe siècle, la quantité et la variété des épices utilisées dans les sauces commencent à diminuer ***(représentation de la récolte de la cannelle aux îles Moluques, 1575).***
Vincennes, Service historique de la Marine. Collection Dagli Orti.

moyenne. En revanche, leur variété diminue fortement : de nombreuses épices, très courantes dans la cuisine des élites médiévales, commencent à disparaître. Seuls se maintiennent vraiment le clou de girofle, la noix de muscade et le poivre. Par ailleurs, les quantités utilisées se réduisent très sensiblement.

De même, l'acidité tellement prisée au Moyen Âge commence à être moins appréciée à la Renaissance. À l'époque médiévale, cette saveur était principalement obtenue par l'emploi de vin blanc, de vinaigre ou encore de verjus (fabriqué à partir de raisins verts, c'est-à-dire cueillis avant maturité). Lorsqu'on ne disposait pas de ces ingrédients, on pouvait aussi utiliser des groseilles à maquereau pas encore mûres ou broyer de l'oseille, une plante dont les feuilles ont une saveur acide prononcée. Au XVIe siècle, se répand l'usage du jus de citron et du jus de bigarade (c'est-à-dire d'orange amère), ce qui élargit encore les manières d'obtenir cette acidité. Mais, en dépit de cette diversification, les livres de cuisine indiquent toutefois que la proportion de recettes présentant une saveur acide tend à diminuer.

CI-DESSUS
Les maîtres queux de la Renaissance française découvrent l'utilisation du jus de citron en cuisine. Néanmoins, l'attrait pour la saveur acide, très marqué au Moyen Âge, commence à s'émousser *(coupe en faïence, originaire de la ville italienne de Faenza, XVIe siècle)*. Sèvres, Cité de la céramique. © RMN/R. G Ojeda.

Le beurre entame sa lente conquête des palais

On ne trouve quasiment pas trace du beurre dans les livres de cuisine de la fin du Moyen Âge. D'autres matières grasses lui étaient préférées par les classes aisées, en particulier le saindoux (graisse de porc sans viande) et le lard (viande très riche en graisse, située sous la peau de l'animal). Mais à l'instar de la viande, ces deux produits d'origine animale étaient interdits par l'Église pendant les nombreux jours « maigres » (ils étaient alors remplacés par l'huile). Toutefois, l'absence du beurre dans les recettes écrites ne signifie nullement qu'il n'était pas consommé : ce produit était sans doute largement utilisé dans des régions comme la Flandre, la Normandie, la Bretagne, l'Aunis, la Saintonge… Dans ces contrées, le climat doux et humide, favorable à la pousse de l'herbe et donc à l'élevage bovin, permettait une production laitière et beurrière relativement abondante. Mais le beurre était surtout utilisé par les petites gens et ce statut de « graisse des pauvres » lui valait d'être méprisé par les élites sociales.

C'est à la Renaissance que le beurre commence à conquérir la place de choix qu'il occupera au cours des siècles suivants. Publié en 1545, le *Livre fort excellent de cuisine* le mentionne dans une recette sur trois. Son ascension ne fera que continuer jusqu'au

CI-CONTRE
Au Moyen Âge, le beurre, pas plus que l'huile, n'entrait dans la composition des sauces qui assaisonnaient les plats des seigneurs. À partir de la Renaissance, un changement majeur s'amorce : le beurre commence à être employé en cuisine et il le sera de plus en plus au cours des siècles qui suivront (*enluminure d'un manuscrit du XIVe siècle représentant une motte de beurre*).
Vienne, Bibliothèque nationale. © Archives Alinari, Florence, distr. RMN/M. Magliani.

XIXe siècle où l'emploi abondant du beurre deviendra même une des principales caractéristiques de la grande cuisine française. L'historien Jean-Louis Flandrin voyait dans cette réhabilitation du beurre à partir du XVIe siècle un effet indirect de la Réforme protestante. Luther et Calvin avaient en effet aboli l'interdit de la papauté de manger du beurre en Carême. Pour que cette liberté octroyée ne se traduise pas par une « fuite » des fidèles vers le protestantisme – notamment dans les régions où l'huile, seule matière grasse autorisée les jours maigres, était plus chère que le beurre – l'Église catholique s'est mise à accorder des dispenses à ses fidèles.

CI-CONTRE
Martin Luther, le père de la Réforme protestante, fustige les excès alimentaires et l'hypocrisie des membres du clergé catholique *(portrait de Luther par Lucas Cranach l'Ancien, XVIe siècle).*
Florence, Galerie des Offices.

La Réforme abolit les interdits alimentaires de l'Église catholique... tout en prônant l'austérité

CI-DESSUS
La Réforme abolit le jeûne du Carême et les jours « maigres » (jours où la viande est interdite). Les protestants peuvent manger tous les aliments qu'ils souhaitent... mais à une condition : ils ne doivent pas y prendre trop de plaisir ! *(« Nature morte au marcassin », Frans Snyders, XVIe - XVIIe siècles, Allemagne).* Neubourg, Collections municipales de Bavière. © BPK, Berlin, distr. RMN/image BStGS.

Même si elle a été amorcée au siècle précédent, c'est au début du XVIe siècle que la Réforme protestante prend, avec Martin Luther, son véritable essor. En 1517, ce moine allemand, angoissé comme beaucoup de ses contemporains par la question du salut de l'âme, placarde sur la porte de la chapelle du château de Wittenberg, en Saxe, ses fameuses « 95 thèses ». Le document condamne fermement la vente des indulgences pratiquée par la papauté (celles-ci étaient censées réduire la durée du purgatoire et permettre ainsi au fidèle d'accéder plus rapidement au Paradis). Cet acte de rébellion marque le début d'un affrontement qui aboutira à l'excommunication du théologien. Et, surtout, provoquera un schisme au sein de la chrétienté ainsi que plusieurs décennies de guerres civiles entre catholiques et protestants.

La Réforme a eu, sur l'alimentation des femmes et des hommes de l'époque, un impact qui est loin d'être anecdotique. La rupture théologique va se traduire par des différences de plus en plus marquées dans le régime alimentaire des peuples européens, selon que ceux-ci choisissent de rester fidèles au pape ou, au contraire, décident de rompre avec l'Église catholique. Jusqu'alors, cette dernière avait été un facteur d'unification des styles d'alimentation : à tous les chrétiens, quel que soit leur pays, l'Église imposait strictement les mêmes obligations,

CI-CONTRE
Aux yeux des chrétiens réformés, la gourmandise – représentée ici par le peintre Jérôme Bosch – est un « très vilain défaut ». Ils prônent la modération, voire l'austérité, vertus qui témoignent de la suprématie de l'esprit et de la volonté sur le corps.
Madrid, Musée du Prado. Photo Bridgeman-Giraudon.

notamment le respect des jours « maigres » (interdiction de consommer de la viande) et celui du Carême. Les historiens ont ainsi montré qu'en Angleterre, la rupture avec la papauté s'était traduite par une baisse impressionnante de la consommation de poisson : ce dernier était la nourriture des jours maigres et leur abolition par le protestantisme s'est accompagnée d'une désaffection vis-à-vis de cet aliment à l'origine dédié aux jours d'abstinence de viande.

Les Réformateurs vont s'emparer du domaine de l'alimentation pour justifier et illustrer leur dénonciation virulente des dérives, corruptions et excès des représentants du clergé catholique. Ils n'hésitent pas à qualifier ceux-ci de goinfres, d'ivrognes ou encore de ventripotents, et vont même jusqu'à les comparer, injure suprême, à des « pourceaux ». Dès 1518, Luther a lui-même donné le ton en créant le mot *théologastre*, c'est-à-dire « théologien du ventre » ! À Bâle où il s'est réfugié, le Picard Jean Calvin, un des principaux artisans de la Réforme protestante, n'est pas en reste. Dans l'*Institution de la religion chrétienne,* son œuvre théologique majeure, il affirme, en parlant des clercs « papistes » : « *Leur ventre leur est pour Dieu, la cuisine pour religion.* » Pour Calvin, les moines ne sont pas autre chose que des « *ventres oysifz* » ou « *des taureaux grassement nourris en oisiveté* ».

Les protestants fustigent également l'hypocrisie des princes de l'Église qui, les jours maigres, savourent des poissons délicats et coûteux, préparés avec le plus grand raffinement. Et qui se régalent de la chair des grenouilles, de certains oiseaux de rivière ou encore du castor. Certes, ces animaux ne sont pas des poissons mais l'Église décide de les assimiler à ces derniers car, comme eux, ils évoluent dans le milieu aquatique. Le grand humaniste et théologien Érasme de Rotterdam – qui restera pourtant catholique jusqu'à la fin de sa vie – réclame lui aussi la suppression pure et simple de ces jours d'abstinence de viande. Faisant valoir le caractère gastronomique des repas « maigres » chez beaucoup de clercs et de chrétiens aisés, il considère que ces repas ne constituent en rien une privation, bien au contraire : « *Pour les riches,* écrit-il, *le changement de nourriture est une source de plaisir* [...] *; ils ne connaissent jamais autant d'agrément que les jours où ils s'abstiennent de manger de la viande.* » Le vœu d'Érasme sera exaucé... mais pas par le clergé catholique. Ce sont les Réformateurs qui décideront d'abolir les jours maigres.

Ces « protestants » considèrent en effet que la modération alimentaire doit être une pratique permanente et qu'il est stupide de l'assimiler à la simple privation de viande (d'autant plus que le « maigre », nous l'avons vu, peut être très... gastronomique). Pour les Réformés, c'est l'excès qui est condamnable et la frugalité quotidienne qui est vertueuse. Ainsi, les fidèles peuvent-ils manger de tout, toute l'année, mais – et la nuance est d'une extrême importance – sans y prendre du plaisir ! Face à la volupté catholique qu'ils dénoncent, les protestants prônent donc l'austérité alimentaire. C'est le cas, par exemple, du huguenot Sully (le célèbre ministre d'Henri IV), qui affirme dans ses Mémoires mépriser les « *friandises, sopiquets* [sauces épicées], *patisseries, confitures, desguisemens de viandes, yvrongneries, gourmandises* ».

CI-CONTRE
Autre grande figure du protestantisme, le Picard Jean Calvin dénonce lui aussi l'amour immodéré des clercs pour la bonne chère.
Paris, Société de l'Histoire du Protestantisme Français (SHPF).
© RMN/Agence Bulloz.

1
2
4
5
6
11

L'IRRÉSISTIBLE ESSOR DU SUCRE

Du sucre du début à la fin du repas !

L'engouement pour le sucre représente un des changements les plus importants que connaît l'alimentation des élites françaises à la Renaissance. À partir du début du XVIe siècle, le nombre de recettes sucrées que comportent les livres de cuisine augmente rapidement. Pour autant, cet attrait pour le sucre n'est pas un phénomène nouveau : depuis le XIIIe siècle, il était utilisé pour assaisonner les plats de viande comme de poisson, les légumes aussi bien que les desserts ! Mais son usage était encore limité

CI-CONTRE
Au Moyen Âge, l'attrait envers le sucre conduit à développer des plantations de canne dans les îles de la Méditerranée. Mais le sucre demeure un produit rare et donc hors de prix. BnF, Ms latin 9333, f° 89v. Photo BnF.

PAGE DE GAUCHE
Comme ce fut le cas pour les épices à la fin du Moyen Âge, le sucre et les confiseries suscitent, chez les nobles de la Renaissance, une véritable « folie ».
Berlin, Kunstbibliothek (SMPK). © BPK, Berlin, distr. RMN/Knud Petersen.

CI-CONTRE
Pendant la Renaissance, le sucre est encore utilisé dans les plats de viande, de poisson, de légumes... On lui attribue des vertus diététiques, notamment celle de faciliter la digestion des aliments.
BnF, Ms latin 9333, f° 89. Photo BnF.

en quantité et ce produit avait avant tout une fonction thérapeutique.

Jusqu'à la fin du Moyen Âge, le sucre était en effet une denrée rare, et donc très chère. Cette rareté explique que, pendant de longs siècles, on l'ait réservé aux malades et aux convalescents : un produit aussi précieux ne pouvait avoir, pensait-on, que des effets bénéfiques sur la santé. Pour les médecins médiévaux comme pour ceux de la Renaissance, le sucre était un aliment « chaud » et « humide », qui facilitait la digestion des aliments ce qui, à l'époque, était la condition d'un bon état de santé.

Le « roseau qui donne le miel sans le concours des abeilles » – autrement dit la canne à sucre – avait été introduit au IXe siècle en Andalousie et dans les îles de la Méditerranée par les Arabes qui, eux-mêmes, en avaient découvert la culture en Perse (mais ce sont les populations de l'Inde qui, les premières, avaient mis au point les techniques d'extraction du jus de canne et de cristallisation du sucre). Ce n'est qu'à partir du XVe et, surtout, du XVIe siècle, que le sucre acquière le statut d'aliment pour les bien portants et que les nobles Français, emboîtant le pas à leurs homologues d'Italie, se laissent eux aussi séduire par sa « douceur ». En 1572, le cartographe anversois Abraham Ortélius témoigne clairement de cette évolution du goût : « *Au lieu qu'auparavant le sucre n'était recouvrable qu'aux boutiques d'apothicaires qui le gardaient pour les malades seulement, aujourd'hui on le dévore par gloutonnerie. Ce qui nous servait de remède nous sert à présent de nourriture.* »

Pour répondre à une demande en croissance rapide, la production de canne se développe : sa culture gagne la région de Valence en Espagne puis les îles Canaries, les Acores

CI-CONTRE

Avant l’essor de la culture de la canne, le miel était la principale source de saveur sucrée.

Chantilly, Musée Condé.

et Madère, avant de partir à la conquête des nouvelles terres découvertes aux Antilles et en Amérique du Sud. Mais l'idée d'exploiter une autre source de sucre que la canne germe déjà dans l'esprit d'Olivier de Serres, le grand agronome du XVIe siècle. Dans ses écrits, il évoque « *une espèce de pastenade* [de carotte], *la bette-rave, laquelle nous est venue d'Italie il n'y a pas longtemps. [...] le jus qu'elle rend en cuisant, semblable à sirop de sucre, est très beau à voir pour sa vermeille couleur* ». Mais cette observation ne suscite à l'époque aucun intérêt et il faudra attendre deux siècles pour que soit construite la première usine d'extraction du sucre de betterave.

Les aristocrates du début de la Renaissance apprécient tellement la saveur sucrée qu'ils demandent toujours à leurs cuisiniers d'en « *saupoudrer sur la viande* [et sur] *le poisson* », ainsi que le note Jean Bruyerin-Champier, le médecin de François Ier. Le *Livre fort excellent de cuisine* présente des recettes de chapon, d'esturgeon ou encore de soupe à l'ail dans lesquelles il est recommandé d'utiliser du sucre « *à grand foison* ». Ce n'est qu'à partir du XVIIe siècle que, progressivement, l'emploi de sucre dans les légumes, les poissons et les viandes commence à décliner : les plats sucrés n'apparaissent plus qu'en fin de repas et lors des collations de mi-journée.

CI-DESSOUS
À la fin du repas, les sucreries accompagnent de plus en plus souvent les fruits. ***(Georg Flegel, fin XVIe - début XVIIe siècle).***
Collection particulière.
Photo AKG-Images.

Les confitures de Nostradamus

CI-DESSUS
Le médecin et astrologue Nostradamus ne s'est pas contenté d'écrire les prophéties qui l'ont rendu célèbre.
Il est également l'auteur d'un traité sur la fabrication de confitures.
Bibliothèque de l'Arsenal, 1656. Photo BnF.

Accompagnant cet essor de la consommation du sucre, et contribuant sans doute à le renforcer, apparaît au XVIe siècle un nouveau type d'ouvrages : les « recueils de secrets » et les livres « de confiture » (le terme de confiture désigne alors les aliments bouillis et conservés dans le miel ou le sucre). Notons au passage que c'est la première fois que, dans l'histoire des livres de cuisine, sont rédigés des traités *spécialisés* : s'adressant aux dames de la noblesse, ces manuels délivrent des recettes mais celles-ci ne concernent pratiquement que les confitures, fruits confits, dragées et autres préparations à base de sucre. Plus surprenant, ces ouvrages en apparence « fourre-tout » décrivent comment réaliser des produits à usage cosmétique tels que savons, parfums ou encore poudres et crèmes de beauté. Pour étonnante qu'elle nous apparaisse, l'association de ces deux univers, l'alimentaire et le cosmétique, s'explique aisément. Avant de devenir l'ingrédient phare des plats raffinés, le sucre avait, rappelons-le, un statut de médicament. À ce titre, il était réputé favoriser aussi la beauté corporelle.

Un des plus célèbres ouvrages de ce type a pour titre : *Excellent et moult utile opuscule à touts necessaire.* Ce manuel, qui traite de l'art et la manière de réaliser des confitures, est publié en 1555 par le fameux médecin, astrologue et alchimiste Michel de Nostre-Dame. Plus connu sous le nom de Nostradamus, ce personnage haut en couleur est né à Saint-Rémy-de-Provence en 1503. Il étudie la médecine à Montpellier et sera nommé, à la fin de sa vie, « médecin ordinaire » du roi Charles IX. Plus que pour ses livres de confitures, il est surtout demeuré célèbre pour ses almanachs et son fameux recueil de prédictions, les *Centuries astrologiques.*

Nouvelles douceurs et pâtisseries

Le goût pour les confiseries et les desserts sucrés se renforçant, les tables aristocratiques de la Renaissance se couvrent de sabayons et de macarons, de sorbets et de crèmes glacées, de confitures et de pâtes de fruits, de fleurs et d'écorces de fruits confites, de nougats, de frangipane ou encore de meringues et de pâte d'amande. Lorsque Catherine de Médicis se rend à Metz avec le jeune Charles IX en 1568, la ville lui offre une spécialité locale : des mirabelles confites dans le sucre.

Plusieurs de ces douceurs (la pâte d'amande, la frangipane…) sont d'origine italienne mais d'autres viennent d'ailleurs ou étaient déjà prisées au Moyen Âge, voire dans l'Antiquité… comme les dragées par exemple, que les Romains distribuaient lors des cérémonies publiques et privées et dont ils ont, peut-être, été les premiers inventeurs.

CI-DESSOUS
Sur les tables des « Noces de Cana » du peintre Véronèse, des coupes présentent aux invités des friandises sucrées.
Paris, Musée du Louvre.
© RMN.

Le cotignac, friandise préférée du roi François

François Ier raffolait, dit-on, d'une préparation sucrée à base de coings (mi-pâte de fruits, mi-gelée), nommée *cotignac*. L'origine du nom de cette gourmandise demeure incertaine. Le mot pourrait provenir du provençal *coudougnat*, lui-même dérivé de *coudougn* qui signifie *coing*. Selon une autre hypothèse, la recette aurait été créée à la fin du Moyen Âge par un pâtissier du village de Cotignac, dans l'actuel département du Var. L'artisan se serait ensuite installé près d'Orléans et aurait fait connaître à la Cour sa spécialité gourmande. Au XVIIe siècle, Louis XIV appréciait tellement celle-ci qu'il décida d'offrir des cotignacs d'Orléans aux ambassadeurs et à ses invités de marque. La friandise est aujourd'hui présentée dans de petites boîtes rondes en sapin qui ajoutent leur parfum boisé au goût des fruits. Elle se déguste en cassant un morceau de couvercle dont on se sert ensuite comme cuillère.

Dans Pantagruel, Rabelais consacre quelques lignes à cette friandise : « *Si on prend du cotignac à l'orée d'un repas, il corrobore l'estomac, aide à la digestion et garantit la tête des fumées qui montent au cerveau après le boire.* » Henri Joubert, médecin d'Henri III, estimait pour sa part que « *les femmes enceintes mangeant force cotignacs font de beaux enfants* ».

CI-CONTRE
Les coings, fruits appréciés à la Renaissance, entraient dans la préparation d'une friandise nommée « cotignac » dont François Ier et, plus tard, Louis XIV se régalaient *(vase en faïence représentant des coings, Venise, XVIe siècle).*
Sèvres, Cité de la céramique. © RMN/R.-G. Ojeda.

En revanche, les « pastilles » sont bien l'œuvre d'un Italien : Giovanni Pastilla. Ce confiseur florentin réputé avait accompagné Marie de Médicis lorsque celle-ci était venue en France épouser le roi Henri IV. Avec ses pastilles aux couleurs et arômes variés, Pastilla rencontra beaucoup de succès auprès des enfants de la Cour qui trouvèrent ces menus cadeaux particulièrement… bons (de là viendrait, par redoublement de la syllabe, l'origine du mot bonbon). Quant au mot macaron, qui désigne une « petite pâtisserie ronde aux amandes », il apparaît pour la première fois dans la langue française en 1552, sous la plume de Rabelais. Le terme viendrait de l'italien *maccarone* qui désignait des pâtes de diverses formes (nos modernes macaronis ont la même origine).

D'anciennes recettes de pâtisserie remises au goût du jour

La Renaissance remet au goût du jour deux anciennes recettes de pâtisserie : celle de la pâte à choux et la technique du feuilletage. La pâte à choux était déjà connue pendant l'Antiquité mais elle avait sombré dans l'oubli pendant toute la période médiévale. Ce sont, là encore, les cuisiniers italiens du XVIe siècle qui la réhabilitent : Messisbugo et Scappi en préparent pour confectionner ensuite des beignets.

Le feuilletage – réalisé en empilant ou en pliant les unes sur les autres de fines feuilles de pâte – est une technique mise au point par les cuisiniers arabes mais qui n'avait pas intéressé les maîtres queux médiévaux. En revanche, le grand Scappi s'en empare et, en proposant des recettes de gâteaux feuilletés, favorise la diffusion de cette technique dans toute l'Europe. Notons à ce propos qu'à la Renaissance, le terme de pâtissier ne désigne pas encore le spécialiste des gâteaux et préparations sucrées mais l'artisan qui confectionne des mets cuisinés dans une pâte, le plus souvent salée (pâtés, terrines, tourtes, etc.).

CI-DESSUS
La Renaissance française voit aussi se développer l'art de la pâtisserie. Celle-ci regroupe toutes les préparations à base de pâte, aussi bien salée que sucrée.
Paris, Musée du Louvre, collection Rothschild.

Sorbets, sirops et liqueurs : des spécialités italiennes d'origine arabe

Au XVIe siècle, les confiseurs de la Péninsule sont également passés maîtres dans l'art de confectionner des sorbets. Le mot vient de l'italien *sorbetto*, lui-même issu de l'arabe classique *šarbat*, un mot de la même famille que *šarb* qui signifie « boisson » et dont est aussi issu le terme français « sirop ». Ce sont en effet les Arabes qui, au Moyen Âge, avaient mis au point ces préparations à base de fruits, mais aussi d'herbes, d'épices ou de fleurs, qu'ils sucraient puis mélangeaient à de la glace pilée (celle-ci était acheminée à dos de mulets depuis les hautes montagnes puis conservée dans des réserves souterraines). Il est néanmoins probable que les confiseurs arabes n'auraient fait que perfectionner des recettes déjà connues dans la Rome antique (notamment en remplaçant le miel par le sucre).

CI-DESSUS
La neige et la glace des montagnes étaient utilisées par les confiseurs italiens pour fabriquer des sorbets.
Lille, Palais des Beaux-Arts. © RMN/F. Raux.

IOÁNES
STRATENSIS
FLANDRVS
1570

D'où vient la frangipane de nos galettes des Rois ? De l'Italie de la Renaissance !

CI-DESSUS
Les amandes entrent dans la préparation de la célèbre crème frangipane *(récolte des amandes douces, enluminure du « Tacuinum sanitatis », manuscrit du XVe siècle).*
BnF, Manuscrits occidentaux, Latin 9333, f° 15v. Photo BnF..

La frangipane, ce mélange de crème d'amandes et de crème pâtissière qui garnit la pâte feuilletée de nos galettes des rois, doit son nom à une grande famille de la péninsule italienne, les *Frangipani*. Ces derniers avaient acquis ce patronyme à la suite d'un acte généreux, accompli en 1014 : lors d'une famine, ils n'avaient pas hésité à « rompre leur pain » – *frangere panem* en latin – et à le distribuer aux nécessiteux de Rome. Près de cinq siècles plus tard, un certain Mutio Frangipani, botaniste distingué, découvre sur l'île antillaise d'Antigua un arbuste dont les fleurs répandent une délicieuse odeur et auquel on donnera ultérieurement le nom de… frangipanier. Le savant a un petit-fils, prénommé Pompeo, parfumeur à Paris. Pour masquer la forte odeur de cuir que dégageaient à l'époque les gants et les souliers, il crée une poudre à base d'amandes amères écrasées. Ses gants « à la frangipane » font fureur… Ce succès aurait donné à un pâtissier (resté anonyme) l'idée de confectionner une crème à base d'amandes, « notre » frangipane. L'origine de cette douceur a également fait l'objet d'une jolie fable – mais inventée de toutes pièces – mettant en scène (une fois de plus !) la jeune Catherine de Médicis : la recette de cette crème frangipane lui aurait été donnée en cadeau de mariage par le comte Cesare Frangipani.

PAGE DE GAUCHE
L'alambic permet la distillation alcoolique et la fabrication de liqueurs, autres spécialités italiennes adoptées au XVIe siècle par les élites françaises. *(« L'Atelier de l'alchimiste », Jan van der Straet, XVIe siècle.)*
Florence, Palazzo Vecchio. © Archives Alinari, Florence, distr. RMN/R. Bencini.

Les boissons sucrées, sirops et liqueurs, sont d'autres spécialités italiennes appréciées dans les cours européennes au XVIe siècle. Au Moyen Âge, les alchimistes arabes et perses avaient découvert la distillation alcoolique : ce procédé, qui nécessite l'emploi d'un alambic, permet d'obtenir, à partir de vin, un alcool fort (rappelons au passage que les mots *alchimiste, alcool, élixir* et *alambic* sont tous les quatre d'origine arabe). Leurs confrères européens nommèrent cet alcool de distillation *acqua vitae*, deux mots latins signifiant « eau de vie ». Ce breuvage avait en effet la réputation d'être un élixir de

longévité. À l'origine, cette eau-de-vie n'était donc vendue que comme remède, accompagnée de la préconisation d'un médecin : on la trouvait uniquement dans l'officine des apothicaires. Mais, à partir du XVe siècle, l'eau-de-vie acquiert le statut d'alcool de consommation courante : elle est proposée dans les tavernes et n'importe quel particulier peut en acheter. Certains fabricants ont alors l'idée de la sucrer et les liqueurs ainsi obtenues sont très prisées par les Italiens puis, par imitation, par les élites européennes de la Renaissance.

À GAUCHE
Si, au XVIe siècle, le sucre suscite un formidable engouement, il rencontre aussi ses premiers détracteurs. Paracelse, un des plus grands médecins de la Renaissance, en fait partie *(portrait présumé du médecin Paracelse, d'après Quentin Metsys, XVIe siècle)*.
Paris, Musée du Louvre.

Les décors en sucre : un nouveau moyen d'éblouir et de manifester sa richesse

Les Italiens de la Renaissance sont passés maîtres dans l'art de la confiserie, c'est-à-dire du travail du sucre. Les plus réputés sont les confiseurs de Venise : ils sont parvenus à mettre au point des techniques permettant d'obtenir une pâte malléable avec laquelle ils réalisent sculptures et architectures de sucre (à ce travail de décoration, on donnera plus tard le nom de « pastillage »). Ces décors de sucre, symboles de richesse, de luxe et de faste font fureur auprès des puissants qui cherchent à s'attacher les services des confiseurs les plus réputés. À l'instar des épices à la fin du Moyen Âge, le sucre devient un nouveau signe de distinction sociale, permettant d'afficher son rang de seigneur et sa prospérité.

Plusieurs récits témoignent de la suprématie de la République de Venise dans l'art de travailler le sucre, et aussi de la façon dont la « Sérénissime » utilisait le sucre comme symbole de son extrême raffinement. Ainsi, lorsque Béatrice d'Este, duchesse de Milan, est reçue à Venise, le repas qui lui est servi comporte « *diverses choses toutes faites de sucre doré et au nombre de trois cents* ».

Un autre épisode célèbre a lieu en 1574... Le futur Henri III vient d'apprendre le décès de son frère, le roi Charles IX. Aussitôt, il quitte en cachette la Pologne dont il est devenu le souverain quelques mois plus tôt. Lors de son voyage de retour vers sa terre natale, le futur roi de France choisit de s'arrêter quelques jours à Venise. Des fêtes somptueuses sont données en son honneur. Il est notamment convié à un repas au palais Foscari, situé sur le Grand Canal. La surprise

CI-CONTRE
Lors du festin donné par les autorités vénitiennes en l'honneur d'Henri III, tout est en sucre... y compris les nappes, les serviettes et les couverts ! (*« La Visite d'Henri III à Venise », Palma Giovane, XVIe siècle.*)
Dresde, Galerie de peintures des maîtres anciens. © BPK, distr. RMN/H. Strelow.

du jeune monarque est totale lorsqu'il découvre la surprise qu'on lui a réservée... « *Les nappes, les serviettes, les assiettes, les couverts, le pain étaient de sucre, d'une imitation si parfaite que le roi demeura agréablement surpris, plus encore lorsque la serviette, qu'il croyait de toile, se rompit entre ses mains. Dans la salle du scrutin avaient été préparées deux tables chargées de compositions et de figures de sucre. Le plat posé devant Henri représentait une reine assise sur deux tigres, dont le poitrail montrait les armes de France et de Pologne. Sur les autres tables se dressaient des figures éparses de chevaux, d'arbres, de vaisseaux... Les plats furent au nombre de 1260 et 300 les objets de sucre distribués aux dames.* »

LES TABLES PRINCIÈRES DE LA RENAISSANCE : OSTENTATION, INNOVATIONS ET BONNES MANIÈRES

Éblouir les convives

Chez les puissants, la table n'a pas pour seule fonction de nourrir les personnes qui s'y assoient. Elle doit aussi manifester l'étendue du pouvoir et de la richesse de celui qui invite, ainsi que sa prodigalité. C'est pourquoi elle présente une profusion de mets, propose les plats les plus variés et les plus raffinés, recherche les effets spectaculaires, affiche un luxe et une démesure que nous jugerions aujourd'hui... tapageurs. Le banquet de la Renaissance est un acte social dont le but premier est d'éblouir les convives, de leur en mettre « plein la vue », de les impressionner de façon à ce qu'ils s'empressent ensuite de raconter l'extraordinaire festin auquel ils ont participé ce qui, bien entendu, ne fera qu'accroître le prestige de leur hôte.

Les rituels qui, à la fin du Moyen Âge, accompagnaient le déroulement des festins princiers n'ont pas disparu. Le maître d'hôtel ouvre toujours la lente et majestueuse procession des

PAGE DE GAUCHE

Comme au Moyen Âge, la table des princes de la Renaissance est un spectacle total dont le but est d'éblouir les convives *(détail des « Noces de Cana », Véronèse).*

Paris, Musée du Louvre. © RMN.

serviteurs qui, au son de la musique, apportent les plats. Avec Henri III, l'étiquette qui préside aux repas devient même plus pointilleuse encore.

L'exubérance est de mise. Tables et buffets croulent sous les sculptures et architectures de sucre, ainsi que sous les pyramides d'aliments… à l'image de ces incroyables *olla podrida* originaires d'Espagne (deux mots qui se traduisent par « pots pourris », *pourri* signifiant ici *bouilli* ou encore *bien cuit*). Concrètement, une *olla podrida* consiste en l'amoncellement de très nombreuses sortes de viandes, volailles, abats, charcuteries… mais aussi de légumes, d'herbes et épices, et même de fruits (!), le tout ayant été cuit dans le même pot. Dans *L'Ingénieux Hidalgo Don Quichotte de la Manche*, Miguel de Cervantes mentionne ce mets, par la bouche de Sancho Panza : « *Ce grand plat qui est plus loin et d'où sort tant de fumée, il me semble que c'est une olla podrida ; et il y a tant de choses et tant d'épices que je ne puis manquer d'en rencontrer quelqu'une qui ne soit bonne au goût et à la santé.* » Cette exubérance alimentaire séduit Bartolomeo Scappi (la figure emblématique des cuisiniers de la Renaissance) ainsi que les riches de l'époque qui font servir à leur table des *olla podrida* qui accumulent toujours plus d'ingrédients.

Plusieurs festins, demeurés célèbres, témoignent de cette surenchère dans l'excentricité, la bizarrerie, la démesure… Comme, par exemple, ce banquet organisé en 1523 par la ville de Rome. Lorsqu'il déplie sa serviette de table, chacun des invités libère un petit oiseau qui y était emprisonné. En guise d'entrées, les serviteurs proposent « *gâteaux de pignons, massepains, biscuits au vin de Malvoisie, crèmes sucrées, figues et vin muscat. Le premier service vit paraître d'énormes plats surchargés de becfigues, de cailles et de tourterelles rôties, de tourtes, de perdrix... de coqs, de poules cuites et revêtues*

CI-DESSOUS
L'accumulation des aliments – ici des fruits – contribue à manifester l'aisance matérielle et la puissance de celui qui invite. (« *Intérieur avec jeune couple* », Georg Flegel, fin XVIe siècle - début XVIIe siècle).
Amsterdam, Brothers Douwes Fine Art. Photo AKG-Images.

CI-DESSUS
Les mangeurs de la Renaissance apprécient la musique et les chants qui accompagnent le repas. (« *Fête* », *Dirk Barendsz*, XVIe *siècle*.)
Tours, Musée des Beaux-Arts. © Dagli Orti/The Art Archive.

qui se tenaient en outre sur leurs pattes, de chapons… et d'un bélier à quatre cornes, debout, paraissant vivant ».

Autre exemple de festin « pantagruélique », celui du mariage du roi de France Henri IV avec Marie de Médicis. L'organisateur de ce repas était Bernardo Buontalenti (le bien nommé !), un artiste toscan très réputé qui était tout à la fois architecte, ingénieur militaire, sculpteur et peintre. Il concevait également des réjouissances au cours desquelles les invités pouvaient découvrir d'étonnants automates, de fantastiques jeux d'eau, d'incroyables feux d'artifice, d'éblouissants décors qui étaient changés plusieurs fois au cours de la soirée… Pour le repas de noces du souverain français, il décida de transformer de fond en comble la grande salle de réception. Il fit insérer des miroirs dans les tables, lesquelles pouvaient, grâce à un ingénieux système mécanique, tourner et refléter les scènes de la fête sous des angles différents. Des peintures réalisées par les plus grands artistes florentins de l'époque représentaient les différents invités. De cette façon, les participants aux noces pouvaient voir leur image non seulement dans les miroirs mais aussi dans les toiles ! Quant aux plats proposés aux convives, ils étaient tout aussi stupéfiants que les décors : « *jambons coupés en forme de coq* », « *pâtés de veau en forme de sanglier* » ou encore « *gelée en forme de cloche avec un poisson vivant à l'intérieur* » figuraient au menu. Les deux grands sculpteurs Jean de

CI-DESSUS
Les pâtissiers rivalisent d'imagination pour créer de nouvelles recettes de tourtes et de tartes salées. Dans le même temps, ils innovent dans le domaine des pâtisseries sucrées. À partir du XVIe siècle, recueils de cuisine et livres de pâtisserie commencent à être distingués.
(Clara Peeters, fin XVIe siècle - début XVIIe siècle.)
Madrid, Musée du Prado.
© Dagli Orti/The Art Archive.

Bologne et son assistant Pietro Tacca avaient réalisé de splendides statues en sucre représentant des scènes mythologiques, des personnages, des animaux, des monstres, etc. Précision importante : Henri IV n'était pas présent à ce fastueux dîner de noces qui s'est déroulé à Florence. Il ne s'agissait que du premier temps des cérémonies de mariage où le souverain a d'abord épousé Marie de Médicis par procuration.

La fourchette fait une timide apparition

À la Renaissance, les élites sociales commencent à utiliser de nouveaux ustensiles de table : fourchette, assiette, serviette de table… Leur emploi est l'expression de la recherche d'un raffinement toujours plus poussé.

C'est seulement au XVIe siècle que la fourchette fait sa première apparition sur les plus riches tables du royaume de France. Jusqu'à la fin du Moyen Âge, nos ancêtres ont en effet mangé avec leurs doigts. L'origine de la fourchette de table demeure un mystère : elle pourrait avoir été inventée à Byzance (aujourd'hui Istanbul), puis introduite en Italie du Nord vers le milieu du XIe siècle (peut-être par la princesse Théodora Doukas lorsqu'elle quitta la capitale de l'Empire

À DROITE
Henri III tente, sans grand succès, d'imposer à la Cour l'usage de la fourchette, un ustensile qu'il a découvert à Venise *(portrait d'après François Clouet, XVIe siècle).*
Chantilly, Musée Condé. © RMN (Domaine de Chantilly)/ R.-G. Ojeda.

CI-CONTRE
Cette fourchette au manche d'ivoire est l'une des grandes innovations du XVIe siècle en France.
Mais il faudra près de deux cents ans avant qu'elle soit définitivement adoptée.
Écouen, Musée national de la Renaissance. © RMN/R.-G. Ojeda.

byzantin pour venir épouser Domenico Selvo, le doge de Venise). Ce qu'on sait avec certitude, c'est qu'au XIVe siècle la fourchette était utilisée dans plusieurs cités italiennes, entre autres à Florence : une liste établie en 1360 par un moine indique que chaque prieur de cette ville possédait une fourchette personnelle. Toujours à Florence, mais au siècle suivant, un tableau de Boticelli montre des représentants de la cour des Médicis maniant une *forcina* à deux dents. La fourchette est également visible sur une fresque représentant *La Cène,* peinte en 1493 par Le Pérugin pour décorer le réfectoire d'un monastère florentin. Selon certains auteurs, l'instrument aurait été apprécié car il permettait de manger plus proprement… les *pasta* !

L'arrivée en France de la fourchette est plus tardive. On a beaucoup écrit que sa toute première entrée sur notre territoire date de cette fameuse année 1533 où la jeune Catherine de Médicis débarque à Marseille pour y épouser le futur Henri II (la fourchette aurait fait partie des bagages de la petite duchesse). Ce qui est sûr, c'est que la « nouveauté », avec ses deux longues dents pointues, ne séduit pas du tout les aristocrates français qui craignent de se blesser en l'utilisant. C'est tout juste s'ils consentent à l'employer pour saisir dans le plat de service les morceaux qu'ils convoitent, mais ce sont toujours les doigts qui conduisent les aliments jusqu'à la bouche. De surcroît, la fourchette de table déplaît fortement aux représentants du clergé : ils jugent l'ustensile immoral, l'accusent d'inciter au péché de gourmandise et considèrent que son usage est contraire à la volonté de Dieu qui a créé les doigts de la main pour la préhension des aliments.

Quelques décennies plus tard, Henri III (l'un des fils de Catherine de Médicis) découvre à Venise la façon dont l'aristocratie locale se sert des fourchettes. Séduit, il adopte immédiatement ce nouvel objet, imité par ses « mignons », les jeunes gentilshommes qui l'entourent. Mais ces favoris du roi sont méprisés par les nobles de la Cour et raillés par les bourgeois et le petit peuple qui jugent décadentes leurs manières exagérément raffinées et efféminées. Comme leur souverain, ces courtisans fardent leur visage, poudrent et frisent leur chevelure, arborent boucles d'oreilles et portent habits de dentelle et… fraise empesée. Pour contourner cet obstacle, la fourchette leur apparaît plus adaptée que les doigts lorsqu'il s'agit de porter à la bouche les aliments. Ils s'emparent donc de cet instrument, qu'ils utilisent de façon ostentatoire et avec une grande affectation. Dans un ouvrage satirique intitulé *L'Isle des Hermaphrodites,* un de leurs

CI-DESSUS
Ce couteau et cette fourchette très finement ouvragés (le manche en ivoire représente deux enfants adossés) peuvent se ranger dans une gaine.
Écouen, Musée national de la Renaissance.
© RMN/R.-G. Ojeda.

contemporains tourne cette pratique en dérision : « *Premièrement, ils ne touchoient jamais la viande avec les mains, mais avec des fourchettes ; ils la portoient jusques dans leur bouche, en allongeant le col et le corps sur leur assiette, laquelle on leur changeoit fort souvent.* » L'auteur ne cache pas son hilarité lorsque, au service suivant, « *on apporta quelques artichauts, asperges, poix et febves escossées, et lors ce fut un plaisir de les voir manger cecy avec leurs fourchettes, car ceux qui n'étaient pas du tout si adroits que les autres laissaient bien autant tomber dans le plat, sur leurs assiettes et par le chemin qu'ils en mettaient à leur bouche* ».

La fourchette pâtit donc de la mauvaise réputation de ces premiers utilisateurs et, du coup, sa diffusion dans la noblesse puis dans l'ensemble de la société françaises est très lente. Tout au long des XVIe et XVIIe siècles, son usage reste le plus souvent limité au service et l'ustensile ne quitte que rarement la cuisine. Quand on la voit apparaître sur une table de repas, la fourchette est surtout utilisée pour transférer les aliments depuis le plat de service jusque dans l'assiette. Auparavant, cette opération était réalisée avec la pointe du couteau : celle-ci étant de plus en plus souvent remplacée par la fourchette, les lames des couteaux commencent à s'arrondir...

La fourchette permet également de maintenir fermement sur l'assiette les morceaux de viande que l'on désire couper. Mais c'est beaucoup plus rarement qu'on l'emploie pour porter les aliments à la bouche. On sait que jusqu'à sa mort, survenue en 1715, Louis XIV refusera farouchement d'utiliser la fourchette de cette façon et préférera manger avec ses doigts. Il sera imité en cela par son arrière-petit-fils, le roi Louis XV (comme le montre une gravure datée de 1730). Il faudra donc attendre la fin du XVIIIe siècle pour que l'usage de cet ustensile de table se généralise et qu'il soit employé quotidiennement par la plupart des Français.

À GAUCHE
Henri III et ses « mignons » s'étaient entichés de la fourchette, qui leur permettait de ne pas tacher leur précieuse « fraise » *(portrait d'homme avec une fraise, XVIe siècle).*
Lille, Palais des Beaux-Arts.
© RMN/F. Raux.

CI-DESSUS
L'ivoire est un matériau précieux souvent utilisé pour les manches des couverts (celui de ce couteau représente le dieu Mars). La gaine en bois sculpté raconte le récit biblique de Joseph.
Écouen, Musée national de la Renaissance.
© RMN/R.-G. Ojeda.

AU CENTRE
Ce cuilleron possède un manche ajouré d'une grande finesse d'exécution.
Écouen, Musée national de la Renaissance.
© RMN/G. Blot.

À DROITE
Ici, le cuilleron est réalisé dans une pierre translucide.
Écouen, Musée national de la Renaissance.
© RMN/G. Blot.

À la Renaissance, peu nombreux étaient les propriétaires de fourchettes et ils n'en possédaient qu'un nombre très limité. Rabelais, par exemple, porte à la ceinture son unique fourchette, curiosité qu'il a rapportée d'un séjour italien et qui constitue un de ses biens les plus précieux. Érasme, quant à lui, en a reçu un exemplaire de son ami Nicolaus Olahus (le premier humaniste d'origine roumaine). Il le remercie de ce cadeau en ces termes élégants : « *La cuillère et la fourchette que tu m'as envoyées me feront croire, chaque fois que je dîne, que tu es mon hôte au repas.* »

En revanche, la cuiller évolue peu par rapport au Moyen Âge. Sa forme n'est pas tout à fait celle que nous connaissons aujourd'hui : le cuilleron est moins profond mais plus large, le manche présente une extrémité ornée d'un « bouton » plus ou moins travaillé. Quant au couteau, il voit sa lame s'arrondir et s'affiner ; son manche peut être réalisé en bois mais aussi en ivoire, en nacre, en argent ou en or.

L'assiette remplace le tranchoir médiéval

Si l'homme du Moyen Âge ne connaissait pas la fourchette, il n'utilisait pas non plus d'assiette. Les aliments liquides ou semi-liquides (soupes, bouillons, sauces, légumes réduits en purées, etc.) étaient servis dans des écuelles de bois ou de métal. Les nourritures solides étaient apportées dans des plats disposés devant les mangeurs : chaque convive se servait lui-même dans le plat de service puis déposait les morceaux qu'il avait choisis sur le *tranchoir*, une tranche de pain à la mie dense qui faisait donc office d'assiette. À l'issue du repas, ces tranchoirs, imprégnés des graisses, jus et sauces s'écoulant des aliments étaient récupérés : ils permettaient de nourrir les chiens ou… les pauvres. Sauf chez les plus démunis qui n'en possédaient pas, le tranchoir était lui-même posé sur un tailloir, simple planchette de bois ou plaque de métal précieux, de forme rectangulaire ou, ce qui préfigurait la future assiette, circulaire. Il était courant que deux voisins de table partagent le même tranchoir, autrement dit la même tranche de pain : ce serait l'origine du mot copain, qui signifie : celui (ou celle) avec qui on partage son pain.

CI-DESSUS
Cette assiette a été fabriquée dans la ville italienne de *Faenza*, qui a donné son nom au mot « faïence ».
Écouen, Musée national de la Renaissance. © RMN/R.-G. Ojeda.

CI-CONTRE
L'assiette est une autre innovation de la Renaissance.
À la fin du xve siècle, les artisans italiens inventent la faïence, à laquelle ils donnent le nom de majolique. Ce type de céramique sera très utilisé pour fabriquer des assiettes ainsi que des plats, des pots, des jarres…
Écouen, Musée national de la Renaissance. © RMN/G. Blot.

L'assiette : un seul objet, des sens multiples

À la fin du Moyen Âge, l'assiette n'était toujours pas apparue sur les tables de France. En revanche, le mot existait, mais il avait un tout autre sens, celui de « position ». Assiette dérive en effet du même mot latin que le verbe asseoir : aujourd'hui encore, on dit d'un cavalier qu'il a une bonne « assiette » sur sa selle ou d'un pilote qu'il est parvenu à corriger « l'assiette » de son avion (sa position horizontale). Au Moyen Âge, l'assiette désignait donc la place des convives autour de la table.

À la même époque, un autre sens apparut : par « assiette », on entendait aussi l'ensemble des mets qui étaient apportés en même temps sur la table. Parallèlement, le mot a pris un sens figuré, celui de « disposition, état d'esprit »... que l'on retrouve dans l'expression actuelle : « Ne pas être dans son assiette ».

L'assiette, à l'instar de la fourchette, n'apparaît qu'à la Renaissance et, comme elle, en Italie. Sa présence est signalée lors d'un banquet donné en 1530 à Ferrare où, précise l'auteur du texte, chaque participant disposait de son *tondo* personnel, c'est-à-dire de son assiette (en italien, *tondo* signifie « forme ronde »).

L'assiette commence à remplacer tranchoirs et tailloirs mais, dans un premier temps, seulement sur la table des puissants. Réalisée le plus souvent en métal (étain, argent ou argent doré), elle est bien trop coûteuse pour les foyers modestes. Mais pas pour François Ier, qui n'hésite pas à passer commande de quelques assiettes en argent identiques à celles qu'il a pu admirer lors de ses campagnes militaires en Italie.

Un autre matériau va être utilisé pour la fabrication des assiettes, mais aussi des plats, des pots, des bouteilles... À partir du XVe siècle se développe, dans le nord de l'Italie, l'art de la faïence : il s'agit d'un type de céramique dont la particularité est d'être recouverte d'un émail (ou glaçure) de sels d'étain qui lui confère son aspect blanc et brillant. À cette faïence de la Renaissance italienne, on a donné le nom de *majolique* : les céramiques hispano-mauresques qui auraient servi de modèles aux potiers italiens transitaient en effet par l'île de Majorque. Les ateliers les plus créatifs sont localisés dans une petite ville d'Émilie-Romagne : Faenza, dont le nom a donné, en français, le mot faïence (en revanche, l'italien a conservé jusqu'à aujourd'hui le terme *maiolica*). Au XVIe siècle, des artisans italiens s'installent en France : ils y créent des ateliers qui, en peu de temps, contribuent à la prospérité de villes comme Rouen, Lyon ou Nevers.

CI-DESSOUS
Coupe d'accouchée et son assiette représentant le bain du nouveau-né (*vers 1560*).
Paris, Musée du Louvre.
© RMN/J. G. Berizzi.

Bernard Palissy ou la vie tumultueuse d'un grand céramiste et savant de la Renaissance

Dans nos souvenirs d'écoliers, le nom de Bernard Palissy est associé à cet artiste de la Renaissance qui, manquant d'argent pour acheter du bois, n'hésita pas (comme il l'écrivit lui-même) « *à brusler les tables et les planchers de* [sa] *maison* » pour découvrir le secret de certains émaux !

De fait, la renommée de Bernard Palissy vient de ses extraordinaires créations de céramique : coupes, pichets, aiguières, mais aussi « *vaisseaux de divers esmaux entremeslés en manière de jaspe* » (pièces de vaisselle dont l'émail polychrome imite le jaspe) ou encore « *bassins rustiques* ». Ces derniers sont des plats de grande taille ornés d'un décor en relief de poissons, crustacés, batraciens, serpents, coquillages, plantes, mousses, rocaille…

Né en 1510, Palissy débute sa carrière en exerçant, à Saintes, une activité de peintre sur verre et d'arpenteur-géomètre (il effectue notamment le relevé des marais salants de Saintonge). Parallèlement, il tente de mettre au point la technique de fabrication des émaux opaques à base d'étain. Vers l'âge de 40 ans, il fait la rencontre d'un des plus puissants personnages du royaume : le connétable Anne de Montmorency. Les commandes de ce dernier (entre autres une grotte en émaux destinée à son château d'Écouen… qui ne sera jamais livrée) permettent à Bernard Palissy de se consacrer entièrement à son art et à ses recherches.

Mais l'artisan passionné a le malheur d'être protestant. Lorsque éclatent les guerres de Religion, il est incarcéré une première fois à Bordeaux. Montmorency intercède en sa faveur auprès de Catherine de Médicis : celle-ci le fait sortir de prison et lui octroie le titre d'« *Inventeur des rustiques figulines* [céramiques ornées de représentations d'animaux] *du Roy et de Mgr le duc de Montmorancy* ».

En 1572, la Saint-Barthélemy oblige Bernard Palissy à se réfugier à Sedan. Mais les persécutions continuent : il est à nouveau jeté en prison, relâché quelques semaines plus tard, puis repris et condamné à être pendu et brûlé. La sentence ne sera pas exécutée et il mourra en 1590 de « *faim, nécessité et mauvais traitement* » à la Bastille.

S'il est aujourd'hui surtout connu pour ses talents de céramiste, Palissy fut également un savant entièrement autodidacte et éclectique. Il s'intéressa à la géologie ainsi qu'à la chimie et à l'agronomie.

CI-CONTRE
Ce plat de terre vernissée à décor de « rustiques figulines » est une des œuvres majeures du céramiste Bernard Palissy.
Paris, Musée du Louvre.

Venise exporte ses verres précieux et délicats

Les verres se multiplient sur les tables princières de la Renaissance. Les plus beaux viennent d'Italie, et plus particulièrement de Murano, une île située à quelques encablures de Venise. Au XVe siècle, Angelo Barovier, un maître verrier local, était parvenu à produire un verre d'une grande transparence, le *cristalo,* en mettant au point un procédé complexe permettant d'éliminer les impuretés et la coloration produites par l'emploi de cendres végétales lors de la fabrication du verre. Ce Barovier est également connu pour une œuvre majeure qui constitue l'un des exemples les plus anciens de verres émaillés de la Renaissance : une coupe nuptiale en verre bleu et ornée de peintures réalisées en émaux polychromes. Ces innovations techniques permettront aux artisans verriers de la région de Venise d'asseoir pendant deux siècles leur suprématie.

Au milieu du XVIe siècle, le roi Henri II invite des verriers italiens à rejoindre la France dans le plus grand secret. Souhaitant qu'ils mettent leurs talents à son service, il les installe à Saint-Germain-en-Laye, près de son château.

CI-DESSOUS
Coupe en verre bleu, fabriquée à Venise au XVIe siècle et représentant les travaux d'Hercule (le Lion de Némée et l'Hydre de Lerne).
Écouen, Musée national de la Renaissance.
© RMN/G. Blot.

CI-CONTRE ET EN HAUT
Au XVIe siècle, les verres délicats des artisans vénitiens sont très recherchés par les élites sociales européennes.
En haut : Paris, Musée du Louvre. © RMN.
En bas : Écouen, Musée national de la Renaissance. © RMN/S. Maréchalle.

CI-CONTRE
La nappe possède de longs pans qui dissimulent la nature « grossière » de la table : à la Renaissance, celle-ci est toujours constituée d'une planche posée sur deux tréteaux !
Écouen, Musée national de la Renaissance.
© RMN/G. Blot.

Une autre nouveauté : la serviette individuelle

Tout au long du Moyen Âge, le mangeur essuyait ses mains, sa bouche et son couteau personnel… à la nappe (plus exactement à la longière, une longue et étroite bande de tissu disposée du côté de la table où se tiennent les convives). À la Renaissance, apparaît pour la première fois la serviette de table individuelle. De très grande taille (jusqu'à un mètre sur un mètre !), cette pièce de lin est parfois disposée selon un savant pliage représentant une plante ou un animal. Le mangeur du XVIe siècle la noue autour du cou pour éviter de tacher son précieux jabot ou son encombrante fraise.

La serviette de table ne fait cependant pas disparaître la nappe. Souvent de lin, celle-ci est toujours de couleur blanche (au moins avant que ne débute le repas !) et ses pans descendent jusqu'au sol… de façon à cacher la nature bien « ordinaire » de la table. En effet, la plupart du temps, celle-ci se réduit à un simple assemblage de planches et de tréteaux.

La serviette de table a été inventée pour répondre à une double nécessité : permettre aux mangeurs de disposer d'une pièce de tissu plus maniable que la longière pour s'essuyer. Mais aussi éviter que les convives ne tâchent la nappe d'une façon telle qu'aucun lavage, même le plus soigneux, ne parvienne à lui rendre sa blancheur immaculée d'origine. Pour autant, la disposition d'une serviette de table ne constitue pas une raison pour salir inconsidérément celle-ci. Giovanni Della Casa – un prélat italien du XVIe siècle, auteur d'un traité de bonnes manières – fustige ainsi ceux qui salissent leurs serviettes à un point tel que *« les chiffons des latrines sont plus nets »*. On comprend alors pourquoi la tradition médiévale consistant à offrir à ses invités la possibilité de se laver les mains avant puis après le repas est plus que jamais respectée.

La promiscuité entre les mangeurs se réduit

L'assiette et la fourchette, ces deux nouveautés du XVIe siècle en France, ont un usage individuel. Cette individualisation correspond à une évolution très importante dans les manières de manger. Au Moyen Âge, en effet, la même cuiller, le même couteau, le même tranchoir, la même écuelle, le même verre ou gobelet servaient à deux, voire trois convives. Ce partage des ustensiles créait entre les voisins de table un contact plus étroit qu'avec les autres invités. Mais au XVIe siècle, les mentalités évoluent : chaque mangeur se voit proposer une assiette, une cuiller, un couteau et un verre qu'il est seul à utiliser du début à la fin du repas (la fourchette, on l'a vu, mettra bien plus de temps à être systématiquement proposée). De même, on ne porte plus à la bouche les ustensiles de service contenant la portion que l'on a prise dans le plat commun : celle-ci est d'abord déposée dans l'assiette de chaque convive qui la fractionne en plus petits morceaux avant de porter ces derniers à la bouche.

Nouveaux meubles et accessoires de table

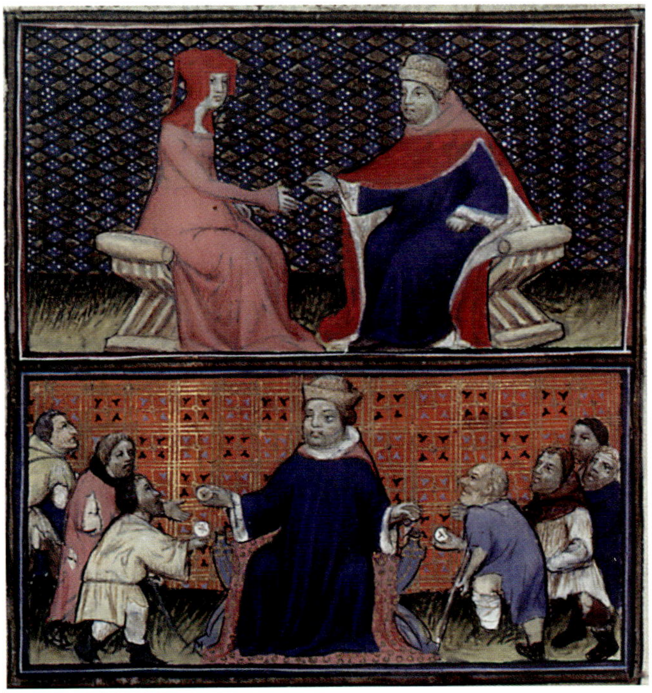

CI-DESSOUS
Au XVIe siècle, apparaissent de nouveaux types de sièges, comme les *ployants* (ancêtres de nos chaises pliantes).
BNF, Ms fr 282.
Photo BnF.

D'autres innovations de la Renaissance concernent le mobilier et les accessoires de table. Au Moyen Âge, seules les personnes de haut rang bénéficiaient de sièges individuels : les autres convives prenaient place sur des bancs, peu confortables (ces bancs sont à l'origine du mot banquet). À partir du XVIe siècle, ces bancs vont peu à peu céder la place aux chaises, escabelles (tabourets) et *ployants*. Ces derniers sont des sièges pliants, dont les pieds forment un X : ils étaient très courants dans l'Antiquité et sont remis au goût du jour à la Renaissance.

Dans les palais et demeures de l'aristocratie, apparaît la table à manger à pieds fixes. Ce meuble nouveau va peu à peu se substituer à la table médiévale, qui n'était qu'une simple planche posée sur des tréteaux (l'expression « mettre, ou dresser, la table » fait référence à cette table escamotable du Moyen Âge que l'on installait seulement le temps du repas). Par ailleurs, la salle à manger – c'est-à-dire la pièce consacrée aux repas – n'existait pas : tréteaux et plateau de bois étaient « dressés » dans la salle que l'on jugeait la plus adaptée aux circonstances (au nombre de convives, à la facilité de chauffer la pièce en hiver…). Le changement sera toutefois très lent : il faudra attendre le XVIIIe siècle pour que, dans la haute société française, se généralisent la table fixe et la salle à manger dédiées à la prise des repas.

Un autre meuble médiéval, le *dressoir*, voit son importance croître et sa forme évoluer pendant la Renaissance. À la fin du Moyen Âge, princes et riches aristocrates avaient pris l'habitude d'exhiber les plus belles pièces de leur vaisselle de table afin de susciter l'émerveillement de leurs invités. Le dressoir – un meuble à étagères recouvertes de nappes blanches – répondait à cette fonction. Il était de bon ton qu'avant de prendre place à table les convives s'extasient devant la splendeur des coupes, bassins, aiguières ou vaisseaux (récipients) à rafraîchir le vin qui y étaient exposés.

CI-DESSUS
Le système de la planche posée sur ses tréteaux permet de « dresser la table » en un tour de main dans n'importe quelle pièce de la demeure.
Nantes, Musée Dobrée. Collection Dagli Orti.

CI-CONTRE
Les tables à manger « fixes » sont encore rares à la Renaissance. Ce n'est qu'au XVIIIe siècle que leur usage se généralise dans les couches aisées.
Écouen, Musée national de la Renaissance. © RMN/R.-G. Ojeda.

Au cours du XVIe siècle, le dressoir médiéval devient buffet ou *crédence.* À la différence du dressoir, la partie supérieure de la crédence est fermée et il faut donc en ouvrir les portes pour permettre aux invités d'admirer les objets précieux qu'elle renferme. Ce mot crédence vient de l'italien *credenza,* qui signifie confiance. Sur ces meubles d'apparat, on disposait en effet les ingrédients nécessaires aux « essais », ces tests que l'on réalisait sur les

CI-CONTRE
Au XVIe siècle, le « dressoir » médiéval se transforme en « crédence » ou « buffet ».
Paris, Musée du Louvre.
© RMN/D. Arnaudet.

CI-CONTRE
Par la finesse de leur décor, amphores et jarres participent elles aussi à la somptuosité des « arts de la table » à la Renaissance *(détail des « Noces de Cana » de Véronèse).*
Paris, Musée du Louvre.
© RMN.

boissons et les mets afin de vérifier qu'ils n'avaient pas été empoisonnés par une main malveillante. Parmi les réactifs les plus utilisés pour ces vérifications figuraient la poudre de *corne de licorne* censée faire réagir l'eau, le vin ou le pain infectés de venin (il s'agissait en réalité de la défense spiralée d'un narval, mammifère marin des régions arctiques), les *langues de serpent* (des dents de requin pétrifiées) ou encore la *crapaudine*, une petite « pierre » que ses vendeurs prétendaient trouver dans la tête de certains crapauds et qui n'était, là encore, qu'une dent de poisson fossilisée.

Un autre objet ostentatoire, la *nef*, va lui aussi évoluer au cours du XVIe siècle. Tirant son nom de sa forme de navire, cette pièce d'orfèvrerie en or ou en argent, parfois rehaussée de pierreries et d'émaux, est placée sur la table devant le roi ou le prince. À l'origine, cet objet précieux

CI-CONTRE
La nef était une des plus belles pièces d'orfèvrerie qui ornaient les tables princières de la Renaissance.
Paris, Musée du Louvre.
© RMN/D. Arnaudet.

Une œuvre emblématique de la Renaissance française… et un des plus célèbres vols d'œuvres d'art !

Il s'agit de la salière réalisée par Benvenuto Cellini à la demande de François Ier. Pendant cinq années, le sculpteur et orfèvre florentin avait séjourné à la cour de France et créé de nombreuses œuvres dont la célèbre salière, en or massif émaillé reposant sur une base d'ébène. Dans ses mémoires, l'artiste indique que lorsqu'il découvrit l'œuvre, le roi « *poussa un cri d'étonnement, ne se lassant pas de la contempler* ». Au travers de cette pièce, Cellini avait voulu, par un jeu d'allégories, représenter le pouvoir de son commanditaire. La salière quitta la France trente ans plus tard, lorsque Charles IX, un des petits-fils de François Ier, décida de l'offrir à l'archiduc Ferdinand de Tyrol. La réalisation de cette œuvre avait nécessité la fonte de mille écus d'or ce qui, au XVIe siècle, représentait une somme considérable. En 2006, la valeur de cet objet exceptionnel fut estimée aux alentours de 50 millions d'euros.

En mai 2003, la *saliera* – qui avait été qualifiée de « Mona Lisa (Joconde) des objets d'art » – est dérobée dans des conditions rocambolesques dans le musée de Vienne. Pour se soustraire à d'éventuels regards, le voleur avait opéré à quatre heures du matin en empruntant un échafaudage extérieur. Pour s'introduire dans l'édifice, il avait ensuite brisé une fenêtre puis la vitrine protégeant la salière. Les systèmes d'alarme avaient fonctionné correctement mais les gardiens, pensant à une fausse alerte, n'étaient pas intervenus !

Trois mois après le larcin, la compagnie auprès de qui l'œuvre était assurée reçoit une enveloppe contenant des échantillons de la salière et demandant 5 millions d'euros en échange de sa restitution. La transaction échoue et pendant plus d'un an, l'enquête se poursuit sans résultat… Mais le cambrioleur refait une tentative en adressant sa demande de rançon par SMS. Les enquêteurs retrouvent alors la caméra de surveillance ayant filmé l'acheteur du téléphone portable et diffusent à la télévision une photo sur laquelle ce dernier est parfaitement reconnaissable. Le maître chanteur choisit alors de se rendre et indique l'emplacement – une forêt de la région de Vienne – où il a enterré la *salière* de Cellini.

CI-CONTRE
Réalisée pour François Ier, la salière de Benvenuto Cellini reçut le titre prestigieux de « Mona Lisa » des œuvres d'art.
Vienne, Musée d'Art et d'Histoire.
Photo AKG-Images.

recevait les couverts personnels de son prestigieux propriétaire (gobelet, cuiller, couteau) ainsi que le sel et les épices que celui-ci utilisait lors de ses repas. Petit à petit, sa fonction devient surtout décorative et la nef cède la vedette à un autre objet, le *cadenas*. Ce dernier se présente sous la forme d'un plateau dont une des moitiés est constituée d'une série de petits compartiments (en général au nombre de trois) protégés par un couvercle que l'on peut fermer à clé. L'autre partie du plateau permet de présenter les serviettes et le pain. Seuls les monarques et les princes les plus puissants possèdent un tel objet.

CI-CONTRE
Cette sphère d'argent, qui s'ouvre en huit quartiers comme une orange, contenait les précieuses épices *(fin du XVIe siècle)*.
Paris, Musée d'Art et d'Histoire du Judaïsme.
© RMN/J. G. Berizzi.

Le service « à la française » se maintient

CI-DESSUS
La Renaissance conserve l'habitude médiévale du « service à la française » : à chaque service (séquence du repas), de nombreux plats différents sont disposés sur la table.
(« Petit banquet » par Valckenborch, Lucas Van et Georg Flegel [1563-1638].)
Opava, Slezke Muzeum. Photo AKG-Images.

Comme le banquet médiéval, le festin de la Renaissance respecte une organisation que l'on nomme service « à la française ». Le repas est composé d'une succession de séquences chronologiques (entre trois et cinq généralement) appelées « services » ou encore « assiettes ». Chacune de ces séquences correspond à un ensemble de mets qui sont apportés en même temps sur la table, puis débarrassés afin de laisser la place au service suivant. Dans les réceptions les plus fastueuses, le nombre des plats qui constituent chaque service est très élevé (jusqu'à plusieurs dizaines !). En réalité, aucun convive ne mange, ni même ne goûte, de tous les plats préparés pour le banquet. Chaque mangeur n'en consomme qu'un petit nombre : ceux que les serviteurs ont disposés juste devant lui, et qui correspondent à son rang. Le « plan de table », qui regroupe les personnes de même statut social, permet aux serviteurs de répartir rapidement les différents plats en fonction de la « qualité » des mangeurs auxquels ces mets sont spécifiquement destinés.

L'humanisme et l'essor des bonnes manières de table

Les penseurs de la Renaissance placent l'homme au centre de l'univers et de leur réflexion : *« On ne peut rien voir de plus admirable dans le monde que l'homme »*, s'extasiait, en 1486, Pic de la Mirandole. Source de bouleversements dans tous les domaines (pensée, sciences, arts, société…), cette nouvelle conception a également des incidences très concrètes sur les « manières de table ». L'attention se focalisant désormais sur l'individu, la façon dont celui-ci se comporte, y compris quand il prend ses repas, revêt une importance croissante. Lorsqu'il est attablé, le mangeur du XVIe siècle doit faire preuve de savoir-vivre, respecter les usages en vigueur, se montrer « raffiné » et adopter un comportement irréprochable. Dans les siècles précédents, ces considérations n'étaient pas pour autant absentes : au sein de la société médiévale, il était en effet capital que les jeunes gens issus de la noblesse apprennent les comportements *courtois*, c'est-à-dire en usage à la Cour. Les règles à observer étaient formalisées dans de

CI-DESSUS
L'objet que cette jeune femme tient élégamment dans sa main gauche n'est-il pas un cure-dents ? *(détail des « Noces de Cana » de Véronèse).*
Paris, Musée du Louvre.

Érasme énonce les bonnes manières de table
Extraits du *De civilitate morum puerilium*

« Ne t'assois pas sans t'être lavé les mains ; nettoie avec soin tes ongles. [...] Poser un coude sur la table n'est excusable que pour un vieillard ou un malade. »

« Aie soin de lâcher auparavant ton urine à l'écart et, si besoin, de te soulager le ventre [mais pas] *devant les portes et les fenêtres des chambres réservées aux femmes et aux hommes de la Cour. »*
« Il est discourtois de lécher ses doigts graisseux ou de les nettoyer à l'aide de sa veste. Il vaut mieux se servir de la nappe ou de la serviette. »
« Lécher à coups de langue le sucre ou toute friandise restée attachée à l'assiette, c'est agir en chat et non en homme. »
« Il est malpropre de ramener du fond de la gorge des aliments à demi mâchés et les remettre sur son assiette. S'il arrive qu'on ait dans la bouche un morceau qu'on ne puisse avaler, on se tourne adroitement et on le rejette. »
« Certains recommandent au jeune de retenir un vent en serrant les fesses. Eh bien ! il est mal d'attraper une maladie en voulant être poli. Si l'on peut sortir, il faut le faire à l'écart. Sinon, il faut suivre le très vieux précepte : cacher le bruit par une toux. »

CI-DESSOUS
À la Renaissance, les « manières de table » des aristocrates vont se raffiner et constituer un important signe de distinction vis-à-vis des paysans et villageois dont les manières sont « grossières ».
(*« Le Mariage paysan », Pieter Brueghel le Vieux, 1567.*) Vienne, Musée d'Art et d'Histoire. Photo AKG-Images.

courts « aide-mémoire » rédigés en vers et appris par cœur par les enfants, ou dans des traités explicitant en détail les *« contenances de table »* à respecter. Mais c'est à la Renaissance que l'attention portée aux « bonnes manières de table » connaîtra son apogée.

Dans ce domaine, un texte publié en 1536 fait autorité. Il s'intitule *De civilitate morum puerilium*. Cet essai disserte de l'éducation des enfants, mais il n'omet pas d'inclure des recommandations pratiques sur la bonne façon de se tenir à table. Son auteur n'est autre que le grand Érasme de Rotterdam, le « Prince des humanistes », un des plus brillants esprits de l'époque. Pour cet intellectuel de haute volée, le sujet était loin d'être futile… *« L'homme ne naît pas homme, il le devient »* : cette formule dont il est l'auteur nous permet de comprendre l'importance que le philosophe hollandais accordait à l'éducation. Cette dernière est en effet nécessaire pour fabriquer des hommes accomplis, des citoyens responsables, des individus maîtres de leurs passions et sachant résister à leurs pulsions… y compris alimentaires. En un mot, pour libérer l'homme de son animalité.

CI-DESSUS
Le grand humaniste hollandais Érasme n'hésite pas à prendre la plume pour enseigner de façon très concrète comment « bien se tenir à table ». À ses yeux, cet aspect du comportement social n'avait rien de futile ; c'était au contraire la marque d'un homme véritablement accompli. *(« Érasme écrivant », Hans Holbein le Jeune, milieu XVIe siècle.)* Paris, Musée du Louvre. © RMN/H. Lewandowski.

Henri III reprécise l'étiquette du repas royal

En septembre 1574, Henri III commence son règne par un geste symbolique qui crée la stupeur dans son entourage. Autour de la table où il va prendre son dîner (notre actuel déjeuner), il demande d'installer une barrière… qu'il fait garder par des archers ! L'intention est claire : il s'agit d'empêcher les courtisans d'approcher leur souverain et de le solliciter. Par cet acte, le roi rompt avec les usages en vigueur depuis le Moyen Âge. En effet, ses prédécesseurs sur le trône de France autorisaient tout un chacun à venir les regarder dîner et les écouter converser. Sous le règne de son père Henri II et de son grand-père François Ier, le cérémonial et le formalisme des repas s'étaient encore allégés, le roi pouvant être interrompu à de nombreuses reprises pendant qu'il était attablé. Totalement inattendue, la décision du jeune Henri III choque profondément la noblesse,

CI-DESSUS
À la Renaissance, le repas princier obéit à un cérémonial minutieux qu'illustre le « ballet » bien réglé des serviteurs qui s'affairent autour de la table.
Venise, Museo Correr.
© Dagli Orti/The Art Archive.

qui exprime son incompréhension et le sentiment d'être méprisée. En réaction, certains nobles décident même de quitter la Cour et le roi doit, provisoirement, renoncer à sa barrière (qu'il rétablira cependant à la fin de son règne). Le geste du nouveau souverain n'était en réalité que la première étape d'une réforme des règles de l'étiquette qu'il entendait conduire. Une réforme visant à instaurer une distance entre sa personne et son entourage, et à faire de la vie quotidienne du roi une « représentation », une « mise en scène ».

Après la messe du matin, le monarque prend son dîner. Il mange en public mais, le plus souvent, il est seul à table (la reine n'est pas présente). Parfois, il invite une ou deux personnes à partager son repas. Lorsqu'il s'agit de personnages aussi puissants que lui – un autre souverain, le pape ou son représentant –, il les fait placer à sa droite (les invités moins importants sont installés à sa gauche). Même lorsque le roi dîne seul, plusieurs serviteurs assurent le service de table : panetier (dont le nom vient du fait qu'il est, entre autres fonctions, responsable du pain), échanson (chargé du service du vin) et écuyer tranchant (qui lui découpe sa viande) s'affairent. Le roi est entouré de son aumônier qui, avant que ne commence le repas, a récité le *Benedicite* et de ses médecins toujours prêts à lui délivrer leurs précieux conseils… diététiques.

Huit années après le début de son règne, Henri III fait promulguer un règlement accordant à Épernon et Joyeuse, ses deux « archi-mignons » (c'est-à-dire ses deux premiers favoris), l'immense faveur de partager son dîner (ils pourront s'installer sur un escabeau, à chacun des deux bouts de la table).

Quelques années plus tard, le roi instaure un règlement qui ritualise encore davantage le cérémonial du repas. Le maître d'hôtel organise le repas de son souverain et veille scrupuleusement à ce qu'il soit servi à l'heure désirée. Bâton à la main (l'insigne de sa fonction), il précède cérémonieusement le cortège des serviteurs qui apporte les plats puis tend la serviette à celui qui doit la remettre au roi.

Erbū dñi qđ factum. Capit. j.
est ad Joel filiū Phatuel. Audi

NOURRITURES PAYSANNES ET PRODUCTION AGRICOLE

« L*a nourriture des agriculteurs est* [...] *pieuse, innocente et convenant le mieux à la nature ; loin de tout luxe et également des délices de gueule. En effet, ils se contentent de leurs récoltes et de leurs fruits, et vivent des produits du troupeau, de lait, petit-lait, fromage et beurre. De plus, ils jouissent tout à fait gratuitement du lard fumé et des morceaux de porc salé les plus exquis.* [Certains ne] *mangent* [que] *des choux, des poireaux, des oignons, et des aulx avec du sel ; ou même du sel seul avec*

PAGE DE GAUCHE

La campagne n'est pas seulement le décor des agréables repas champêtres de la bourgeoisie urbaine. C'est d'abord le lieu de la production de toutes les nourritures. *(Bible, manuscrit, XVIe siècle.)*

Valenciennes, Bibliothèque municipale. Collection Dagli Orti.

CI-CONTRE

Fabriquée dans un atelier de Limoges dans la seconde moitié du XVIe siècle, cette plaque d'émail peint représente le mois d'octobre, mois des semailles.

Paris, Musée du Louvre. © RMN.

CI-DESSUS
Le jour de la fête du village, les paysans peuvent espérer améliorer leur « ordinaire » alimentaire. (« *Kermesse flamande* », *Pieter Brueghel le Jeune, fin* XVIe *- début* XVIIe *siècle.*)
Saint-Omer, Musée de l'Hôtel Sandelin. © RMN/Agence Bulloz.

le pain. [...] *De la viande de chevreau ou de la chair d'agneau les jours de fête, ou celle d'une poule de leur basse-cour, ou d'une oie, quand il leur arrive des hôtes.* »

C'est en ces termes que le Lyonnais Jean Bruyérin-Champier, médecin de François Ier, décrit l'alimentation des paysans des provinces de France. L'extrait est tiré du *De re cibaria*, un recueil qu'il a rédigé en latin et fait publier à Lyon en 1560. Il s'agit d'un ouvrage à caractère encyclopédique dans lequel l'auteur passe en revue tous les aliments consommés à la Renaissance, aussi bien à la Cour que par les paysans. Chaque aliment fait l'objet d'un chapitre spécifique et sa description est accompagnée de nombreuses précisions sur les différentes manières de le cuisiner ainsi que sur ses vertus diététiques.

Dans le texte reproduit ci-dessus transparaît l'idéologie de l'époque concernant l'alimentation. Celle des paysans y est décrite comme vertueuse, adaptée « à la nature », au statut social et aux besoins des agriculteurs. La frugalité de ce régime (la viande est rarement consommée) y est quasiment présentée comme le résultat d'un choix délibéré de ces humbles travailleurs de la terre et non comme une nécessité, conséquence de leur grande pauvreté. Cette façon de voir les choses était celle des contemporains de Bruyérin-Champier mais aussi, avant eux, celle des hommes de la fin du Moyen Âge. Comme nous l'avons déjà mentionné, il était tenu pour évident que le style d'alimentation

CI-DESSUS

Le labour, première étape de la culture des céréales, porte l'espoir d'une récolte suffisante pour nourrir la famille *(manuscrit enluminé du XVIe siècle)*.

Paris, Musée du Petit Palais. © RMN/Agence Bulloz.

d'un individu devait impérativement être conforme au rang que celui-ci occupait dans la hiérarchie de la société. Les nobles ne pouvaient ainsi consommer que des aliments et des mets jugés délicats et raffinés (des volailles et du gibier, notamment la chair des grands oiseaux sauvages, des fruits, des épices...), tandis que les aliments « grossiers » convenaient parfaitement aux couches inférieures de la société. En 1606, Florentin Thierriat, l'auteur de traités sur la noblesse, n'hésite pas à affirmer : *« Nous mangeons plus de perdrix et de viandes délicates qu'eux* [ceux qui ne sont pas nobles] *et cela nous donne une intelligence et une sensibilité plus souples qu'à ceux qui se nourrissent de bœuf et de porc. »*

Ce que ne dit pas le texte du médecin du roi François, c'est qu'à la Renaissance, le petit peuple des villes et des champs continue de vivre dans la hantise de manquer de nourriture. Les nombreuses famines et disettes de la fin du Moyen Âge ont en effet marqué profondément et durablement les esprits : aux XIVe et XVe siècles, de mauvaises conditions climatiques (sécheresse, pluies excessives, froid, gel) avaient souvent ruiné les récoltes et renchéri le prix des céréales. Et lorsque la Nature s'était montrée plus bienveillante, les hommes avaient pris le relais pour détruire l'espoir de moissons enfin « normales » : tout au long de la guerre de Cent Ans, les armées en campagne avaient dévasté les champs et, à chaque fois, fait resurgir le spectre de la faim. De surcroît, en affaiblissant les corps, le manque de nourriture avait rendu ces derniers encore plus vulnérables aux maladies : c'est ainsi qu'au milieu du XIVe siècle, la Grande Peste avait, en l'espace de quelques années seulement, fait disparaître un habitant sur trois en France et même, dans certaines villes et régions, plus de la moitié de la population !

CI-DESSUS

Pour accompagner l'essor démographique du XVIe siècle, il devient nécessaire d'accroître les surfaces cultivées en céréales. (*« Les Moissonneurs », Pieter Brueghel le Vieux, 1565.*)

New York, The Metropolitan Museum of Art. © The Metropolitan Museum of Art, distr. RMN/image of the MMA.

En dépit des progrès enregistrés dans les techniques de culture et d'élevage entre le XIe et le XIIIe siècle (lors de la « révolution agricole médiévale »), le rendement de la terre, à l'aube de la Renaissance, demeure faible. Et, surtout, très irrégulier en raison de sa forte dépendance aux aléas du climat. Mais cela n'a pas empêché la population de la France, après la terrible saignée démographique des deux siècles précédents, de recommencer à croître à partir du début du XVIe siècle. Des régions comme le Languedoc et la Bretagne ont ainsi vu leur population doubler au cours des huit premières décennies du XVIe siècle.

Conséquence de l'essor démographique du XVIe siècle : l'alimentation paysanne devient moins carnée et moins variée

L'accroissement rapide de la population nécessite de disposer de terres supplémentaires sur lesquelles pourront être semées des céréales, base de l'alimentation. Mais faute d'autres espaces disponibles, la « céréalisation » du territoire ne peut s'opérer qu'au détriment des prairies et pâturages voués à l'élevage, et des forêts, lieux de chasse. Sur une surface d'un hectare, il vaut mieux en effet cultiver du blé pour nourrir les hommes que de l'herbe destinée aux animaux : même avec un rendement moyen très faible (5 quintaux, soit quinze fois moins qu'aujourd'hui), l'hectare de blé fournissait malgré tout quatre à cinq fois plus de calories que celles qu'aurait procurées un bovin nourri avec l'herbe cultivée sur ce même hectare.

CI-DESSOUS
L'extension de la culture des céréales se fait au détriment des prairies, des landes et aussi des forêts… dans lesquelles les porcs trouvaient leur nourriture.
Conséquence : au XVIe siècle, la consommation de viande de porc par les classes populaires diminue sensiblement *(gravure, fin XVe - début XVIe siècle)*.
Paris, Bibliothèque des Arts décoratifs. © Dagli Orti/The Art Archive.

Sur le plan alimentaire, la conséquence de la conversion des prairies et forêts en terres à céréales ne tarde pas à se faire sentir : dans leur ration quotidienne, les classes laborieuses voient diminuer de façon sensible et rapide la quantité de viande, ainsi que la variété de leur nourriture. Des historiens ont ainsi calculé que les ouvriers agricoles qui cultivent les terres situées autour de Narbonne ne bénéficient plus que de 20 kilos de viande par an en 1583 alors que cinquante ans plus tôt ils en recevaient 40 kilos, soit le double. Corollaire de la diminution des quantités de viande consommées, la hausse de la part des grains dans l'alimentation rend les populations plus vulnérables : les aléas du climat et les attaques des maladies et ravageurs peuvent anéantir les récoltes et faire aussitôt resurgir le spectre de la disette, voire de la famine. Autre paradoxe : en année « normale », les habitants des régions de plaine propices à la culture du blé mangent plus souvent à leur faim que les montagnards qui, eux, disposent de terres bien moins productives. Mais les cultivateurs de blé ont en revanche une alimentation plus déséquilibrée et plus carencée que celle des gens des montagnes, ce qu'atteste le fait qu'ils sont souvent plus petits et plus chétifs que ces derniers. En effet, les populations qui vivent en altitude complètent leurs tranches de pain, leurs galettes et leurs bouillies de céréales avec des produits laitiers (les pâturages de montagne leur permettent d'élever quelques vaches, brebis ou chèvres) auxquels ils ajoutent des nourritures « sauvages » issues de la chasse et de la cueillette qu'ils pratiquent dans les massifs boisés. Même s'il est limité en termes de quantités, ce régime alimentaire est plus varié et donc plus équilibré sur le plan nutritionnel. Et, étant plus diversifié, il est plus protecteur en cas de fléau touchant les parcelles de céréales.

Le régime paysan demeure mal connu

Au-delà de ces données générales, il est difficile de se faire une idée précise de l'alimentation des paysans au XVIe siècle, alors que ce groupe social représente entre 80 et 90 % de la population du royaume. En effet, quand les archives, les livres de cuisine ou les traités de médecine parlent d'alimentation, c'est d'abord de celle des aristocrates et des riches bourgeois qu'il s'agit. Ou alors, de celle du peuple des villes : les nourritures de ces populations urbaines proviennent pour l'essentiel de l'extérieur, et elles sont enregistrées pour des raisons fiscales. Des documents comptables existent donc, qui ont permis de calculer (avec des incertitudes) les rations alimentaires. En revanche, les paysans n'achetaient pas leurs aliments : ils ne se nourrissaient que de ce qu'ils avaient eux-mêmes produit. La connaissance de l'alimentation paysanne ne peut donc être qu'indirecte : documents de notaires (c'est-à-dire les inventaires après décès, mais ceux-ci ne prennent en compte que les denrées pouvant être stockées), textes d'agronomes, notes de médecins sur les habitudes alimentaires dans telle ou telle région, écrits littéraires (contes par exemple), etc.

CI-DESSUS
En juillet, les paysans fauchent l'herbe qui sera conservée sous forme de foin pour nourrir les animaux pendant l'hiver *(assiette en émail peint, Limoges, seconde moitié du XVIe siècle).* Paris, Musée du Louvre. © RMN/D. Arnaudet.

À GAUCHE
C'est à la faucille, et non avec une faux, que sont moissonnées les céréales *(plat en terre vernissée attribué à Bernard Palissy, XVIe siècle).* Limoges, Musée Adrien Dubouché. © RMN/J. G. Berizzi.

Les céréales, base de l'alimentation paysanne

CI-DESSUS
Pour les « petites gens », le pain est l'aliment de base. C'est aussi un aliment sacré : lors de la célébration eucharistique, il représente le corps du Christ.
Paris, Musée du Louvre.
© RMN/H. Lewandowski.

CI-DESSOUS
En ville, le boulanger fait du pain tous les jours. Mais à la campagne, on cuit en une seule fois la quantité de pain nécessaire à plusieurs semaines *(plaque en grisaille ; cuivre doré et émail peint, Limoges, XVIe siècle).*
Écouen, Musée national de la Renaissance.
© RMN/G. Blot.

Le mot céréales regroupe les plantes qui sont cultivées pour leurs grains, ces derniers étant destinés à être consommés aussi bien par l'homme que par les animaux d'élevage. À la Renaissance comme au Moyen Âge, toutes les céréales sont désignées par le terme générique de *bleds*. Ce mot ne correspond donc pas au seul « blé » que nous connaissons aujourd'hui (et qu'à ces époques anciennes on appelle *froment*) mais il englobe également des blés anciens comme l'épeautre et l'amidonnier, ainsi que les céréales dites secondaires : orge, seigle, avoine, millet, sarrasin...

À la Renaissance, les céréales prédominent largement dans l'alimentation paysanne : à elles seules, elles fournissent environ 80 % des calories apportées par la ration quotidienne. Ces céréales, les paysans les consomment sous forme de pain, mais aussi de galettes et de bouillies. Le pain est, au sens littéral du terme, l'aliment vital. Les quantités ingérées chaque jour sont considérables : au moins 400-500 grammes par personne et jusqu'à un kilo. L'importance du pain n'est pas seulement nutritionnelle. Dans la société chrétienne de l'époque, cet aliment revêt une valeur symbolique très forte. Il constitue l'une des deux « espèces » de l'Eucharistie : c'est le « corps du Christ », la seconde espèce étant le vin.

Les nobles et les riches consomment eux aussi de grandes quantités de pain. Ils en mangent malgré tout moins que les pauvres et, surtout, il ne s'agit pas du même pain. Le pain des puissants est du pain « blanc », fait à partir de froment, tandis que celui des humbles est, le plus souvent, « noir » parce que fabriqué avec de la farine d'autres céréales comme le seigle ou l'orge. Ces dernières sont plus rustiques que le blé et, sur les sols médiocres, produisent davantage de grains. C'est pourquoi elles ont la préférence des paysans qui les cultivent pour nourrir leur famille.

Dans les campagnes, le pain n'est pas fabriqué tous les jours, ni même toutes les semaines : cela serait trop coûteux en temps

CI-CONTRE
À la Renaissance, comme au Moyen Âge, le terme de « soupe » désigne la tranche de pain que l'on dépose au fond du bol et sur laquelle on verse le bouillon.
(« Nature morte », Georg Flegel, fin XVIe - début XVIIe siècle.)
Augsburg, Staedtische Kunstsammlungen. Photo AKG-Images..

et en combustible (dans certaines vallées alpines, on ne procède à sa fabrication qu'une fois tous les six mois voire tous les ans). C'est pourquoi les paysans mangent le plus souvent leur pain… rassis (en revanche, les nobles, eux, bénéficient du privilège d'avoir toujours du pain frais à leur table). Déposées au fond de l'écuelle, ces épaisses tranches de pain sec et dur sont imbibées de bouillon, ce qui permet de les ingérer plus facilement. Signalons à ce propos qu'à la Renaissance, le mot « soupe » ne désigne pas le liquide fumant et odorant mais la tranche de pain sur laquelle on verse un bouillon de légumes et, plus rarement de viande. De cette habitude alimentaire sont nées les expressions « tremper la soupe » (se mettre à manger) et « être trempé comme une soupe ».

Autres céréales…

Le seigle est cultivé dans de nombreuses provinces françaises : Limousin, Périgord, Auvergne, Forez… Cette plante présente en effet beaucoup d'avantages, comme le soulignent Estienne et Liébault, deux agronomes du XVIe siècle : *« Il ne demande si soigneuse culture, ny terroir si gras et tant bien amendé que le froment, car il fructifie en toute terre avec telle abondance que d'un grain seul il en vient cent, tant soit-il mal labouré et fumé. »* Comparé au froment, le seigle est une plante rustique, qui s'adapte aux sols ingrats et peut

À DROITE
Le sarrasin, ou « blé noir », est une céréale plus résistante et moins exigeante que le froment. En revanche, elle n'est pas panifiable et sera donc utilisée pour confectionner des galettes *(manuscrit enluminé, XVIe siècle).*
BnF, Ms latin 9474, f° 12v. Photo BnF.

CI-DESSOUS
Au XVIe siècle, le millet est une céréale encore très cultivée dans le sud-ouest de la France. Réduits en farine, ses petits grains servaient à la confection de galettes et de bouillies *(manuscrit enluminé, XVIe siècle).*
BnF, Ms latin 9333, f° 45v. Photo BnF.

supporter des périodes de froid. Son rendement est moins aléatoire que celui du blé, et il épuise moins rapidement que ce dernier les éléments nutritifs du sol. En revanche, le seigle craint la chaleur : c'est pourquoi, les cultivateurs des régions bordant la Méditerranée lui préfèrent l'orge.

Originaire de Sibérie puis acclimaté en Russie et en Europe orientale, le sarrasin n'est introduit en France qu'à la fin du Moyen Âge. Au XVIe siècle, sa culture connaît une progression importante. Bien qu'il soit aussi appelé « blé noir », le sarrasin n'a strictement rien à voir, du point de vue botanique, avec le blé (la plante appartient en réalité à la même famille que l'oseille et la rhubarbe). Ne contenant pas de gluten, le sarrasin n'est pas panifiable et ne permet donc pas, lorsqu'il est utilisé pur, de fabriquer du pain : on le consomme sous forme de galettes (comme on le fait encore aujourd'hui en Bretagne) ou de bouillies. Cette céréale présente le grand intérêt d'être peu exigeante et de produire des grains là où les autres

céréales, notamment le froment, n'auraient pas donné grand-chose. C'est pourquoi les contrées pauvres comme la Bretagne, les Alpes, le Limousin, l'Auvergne ou encore les Pyrénées vont lui réserver un bon accueil.

Dans le Sud-Ouest, c'est une autre céréale, le millet, qui a la faveur des populations locales : la plante pousse rapidement, elle résiste bien à la sécheresse et, autre avantage non négligeable, ses grains se conservent longtemps. Avec le millet, on fabrique bouillies et galettes, comme la millasse. À la fin du XVIe siècle, celle-ci sera toujours fabriquée mais le millet sera remplacé par un nouveau venu originaire d'Amérique, le maïs.

Le mot millet dérive du latin *millium*, qui signifie « mille » par référence aux très nombreux petits grains produits par la plante. Aujourd'hui, en Occident, nous n'utilisons plus cette céréale que pour nourrir les oiseaux en cage ; mais en Asie, et surtout en Afrique (où elle porte le nom de mil), elle continue de représenter une composante essentielle de l'alimentation des hommes.

« L'arbre à pain » nourrit jusqu'à 100 habitants au kilomètre carré !

Dans certaines régions, le « pain » peut être de châtaignes, ou encore de lupins ou de vesces lorsque le blé vient à manquer. Les châtaignes, écrit Bruyérin-Champier, *« sont à l'instar des moissons, particulièrement pour les Périgourdins et les populations habitant les montagnes des Cévennes.* [...] *Ils les cuisent la plupart du temps avec de la viande de porc dans de grands chaudrons ; et ils s'en repaissent très agréablement en guise de ragoût et de pain »*. À la fin du Moyen Âge et au début de la Renaissance, dans les contrées où les châtaigniers bénéficient d'un sol et d'un climat favorables – le Limousin, les Cévennes, le Vivarais, les Maures et l'Esterel ou encore la Castaniccia en Corse (à l'époque aux mains des Génois) – on prend conscience de l'intérêt nutritif de cet « arbre à pain ». Pour sauver les hommes de la disette et nourrir des bouches toujours plus nombreuses, il apparaît bien plus intéressant d'exploiter une châtaigneraie que de cultiver un champ de seigle dont le rendement en calories à l'hectare est deux à trois fois plus faible. Du coup, les châtaigniers prennent la place des forêts de chênes, des céréales, de la vigne... De nouvelles variétés, plus productives et plus résistantes, sont sélectionnées ; et des techniques de séchage sont mises au point pour conserver les fruits le plus longtemps possible. La farine de châtaigne permet de confectionner des bouillies ou des galettes qui permettent de nourrir une population en croissance et dont la densité peut atteindre jusqu'à cent habitants au kilomètre carré ! Cette manne nourricière permet à certaines régions isolées de vivre en autarcie : c'est le cas des Cévennes où de nombreux protestants pourchassés viendront se réfugier au début du XVIIe siècle.

CI-CONTRE
Dans des régions comme les Cévennes ou le Limousin, le châtaignier est appelé « l'arbre à pain » en raison de sa capacité à subvenir aux besoins alimentaires des populations rurales.
Paris, Muséum national d'Histoire naturelle, distr. RMN/image du MNHN, bibliothèque centrale.

CI-CONTRE
À la Renaissance, la pomme est l'un des fruits les plus consommés par les couches modestes de la société *(détail d'une fresque italienne de Mantegna, XVe siècle).*
Mantoue, Palais ducal. Collection Dagli Orti.

Des fruits et des légumes… et des légumes secs

Aux côtés des céréales, les légumes et légumes secs constituent, à la Renaissance, le second pilier du régime alimentaire paysan. La part de la viande étant de plus en plus réduite, l'alimentation des travailleurs de la terre présente une forte dominante végétale.

Dans de nombreuses régions, le chou est le légume le plus consommé par les gens modestes. On peut en compter une vingtaine de variétés sur l'ensemble du territoire de la France et ses utilisations culinaires sont très variées. En Alsace, par exemple, le chou entre dans la composition de la soupe mais

CI-CONTRE
Les légumes secs, que l'on pouvait conserver longtemps, ont constitué pour les paysans du XVIe siècle un précieux complément sur le plan nutritionnel. (*« Le Mangeur de fèves »*, *Carrache*, 1580-90.)
Rome, Galerie Colonna. Photo AKG-Images..

certains types (chou rouge, chou frisé) sont consommés sous forme de salades. La choucroute, elle, était réalisée à partir de choux cabus. Les autres légumes couramment consommés à la Renaissance sont les poireaux, les blettes, les salades, les navets et les raves, les panais et les carottes, les oignons et les aulx, ainsi que de nombreuses herbes sauvages.

Les légumes secs jouaient eux aussi un rôle majeur dans l'alimentation des couches modestes de la société. Fèves, pois, lentilles, mais aussi vesces et gesses étaient mangés sous forme de soupe, de bouillie voire de pain (dans ce dernier cas, leur farine était mélangée à celle de céréales). À la fin du printemps, lorsque les stocks de céréales étaient épuisés et que les moissons n'avaient

Des pois et des fèves... triés sur le volet

Pois et fèves ont un rapport inattendu mais bien concret avec l'expression « trier sur le volet », que l'on trouve pour la première fois sous la plume de plusieurs auteurs de la Renaissance. Rabelais parle ainsi d'élus « choisis et triés comme beaux pois sur le volet. » Quant à Montaigne, évoquant sa difficulté à bien choisir ses amis, il note : « il me les faut trier sur le volet ». Mais le volet dont parlent ces hommes de lettres du XVIe siècle n'a rien à voir avec le panneau de bois que nous rabattons, le soir venu, sur nos fenêtres. Au Moyen Âge, le volet désignait une pièce de tissu « voletant » au vent et que l'on utilisait pour trier les graines en les lançant dans un courant d'air (comme on le fait lorsqu'on vanne le blé pour séparer les grains de leurs enveloppes). À partir du XVe siècle, le volet désignait une planchette de bois sur laquelle on triait les pois et les fèves.

CI-CONTRE
Noix, noisettes, amandes… ces fruits secs contribuaient à l'alimentation du petit peuple des campagnes à la Renaissance. (*« Nature morte au verre à pied, au bretzel et aux noix »*, *Georg Flegel, fin* XVI*e* *-début* XVII*e* *siècle.*)
Muenster, Westfaelisches Landesmuseum.
Photo AKG-Images.

pas encore été réalisées, les légumes secs permettaient de ne pas mourir de faim.

La diversité des fruits que consommait le peuple des campagnes était bien moindre que celle dont jouissaient, à la même époque, les élites sociales. Les paysans devaient se contenter de pommes, poires, cerises, prunes… et de fruits secs tels que les noix. Dans certaines régions, une partie des fruits récoltés était utilisée par les ruraux pour la fabrication de cidre ou de poiré. Dans l'est de la France, les fruits étaient parfois séchés pour pouvoir être conservés plusieurs mois et servir de nourriture d'appoint pendant l'hiver.

Nourritures animales

Les volailles de basse-cour (poules, coqs, oies…) faisaient partie des redevances en nature que les paysans étaient contraints de remettre au propriétaire des terres qu'ils cultivaient. Ce qu'il leur restait de leur production après ce prélèvement était généralement vendu sur le marché. En dehors des grandes occasions, les paysans consommaient donc rarement les volailles qu'ils élevaient. En guise de viande, ils mangeaient principalement du porc salé ou fumé, bien plus souvent que du bœuf, du veau, de l'agneau ou du chevreau. Pour autant, la viande – même de porc – n'était pas présente chaque jour sur la totalité des tables paysannes du royaume : elle faisait bien souvent

CI-CONTRE
Les volailles étaient rares à la table des paysans : ces aliments « raffinés » étaient destinés à l'estomac « délicat » des membres de la noblesse *(gravure représentant un paysan portant des fromages et des canards, Jost Amman, 1577).*
Madrid, Bibliothèque nationale.
Collection Dagli Orti.

CI-DESSUS
Lorsque les couches modestes pouvaient manger de la « chair », c'était celle des animaux « de boucherie » qu'ils consommaient. (*« La Boutique du boucher », Joachim Bueckelaer, seconde moitié du XVIe siècle.*)
Naples, Musée national. © Archives Alinari, Florence, distr. RMN/ L. Pedicini.

défaut chez les simples ouvriers agricoles qui louaient leur force de travail à la journée.

Les jours maigres, le poisson, frais ou séché, remplaçait la viande. Ces jours d'abstinence de « *chair* » institués par l'Église catholique correspondaient, au minimum, au vendredi de chaque semaine « ordinaire », aux quarante jours du Carême, à la période de l'Avent ainsi qu'aux veilles des grandes fêtes religieuses. Cette obligation suscitait donc

Une pêche miraculeuse...

En 1497, un navigateur et explorateur vénitien, Giovanni Caboto (Jean Cabot en français), découvre, au large des côtes atlantiques de l'Amérique du Nord, une grande île qu'il baptise « terre neuve » (cinq siècles plus tôt, des Vikings avaient déjà posé le pied sur cette terre et étaient donc devenus, bien avant Christophe Colomb, les premiers Européens à découvrir le continent américain). Cabot est frappé par l'extraordinaire abondance des bancs de morues qui longent le littoral de Terre-Neuve, et la nouvelle se répand en Europe comme une traînée de poudre. Dès 1504, des pêcheurs bretons fréquentent ces territoires maritimes. À partir du début des années 1520, 60 à 90 navires quittent chaque début d'hiver les ports français et y reviennent au début de l'été chargés des précieuses morues.

CI-CONTRE
Les poissonneries permettaient d'approvisionner les citadins en produits de la mer, nourritures de substitution à la viande pendant les jours « maigres ».
Rome, Palais Barberini. Collection Dagli Orti.

CI-DESSOUS
Les « chasse-marée » reliaient en quelques heures les ports de pêche de la Manche aux étals des marchés parisiens *(lithographie d'Arthur du Passage, XIXe siècle).*
Abbeville, Musée Boucher de Perthes. © Musée d'Abbeville.

une demande de poisson considérable. Les marchés de Paris étaient approvisionnés chaque semaine en poisson frais par des « chasse-marée » : ces conducteurs de charrettes tirées par des chevaux reliaient les grands ports de pêche (Dieppe, Boulogne-sur-Mer) à la capitale dans laquelle ils pénétraient par la rue du faubourg… Poissonnière.

Avec les morues, les harengs et les thons sont les principaux poissons de mer consommés pendant les jours maigres. Les harengs sont pêchés en mer du Nord puis, pour

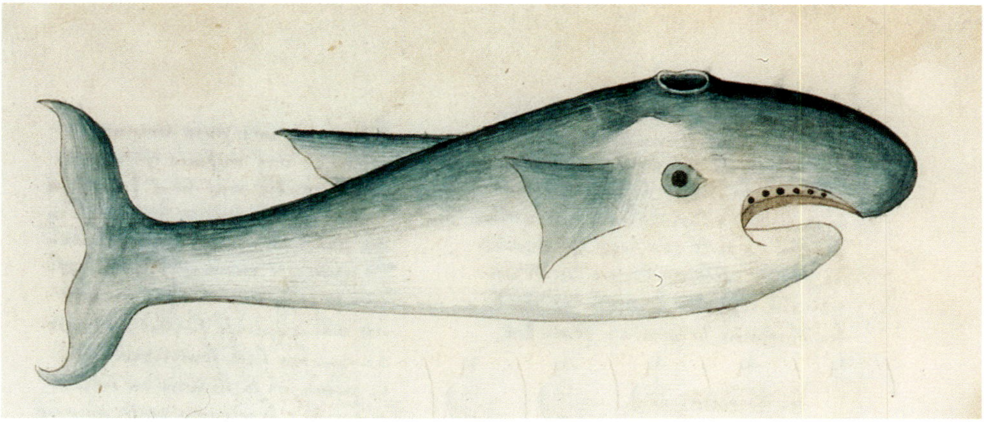

CI-CONTRE
Depuis le Moyen Âge, les marins-pêcheurs de la côte basque se lancent à la poursuite des baleines qui s'approchent du rivage.
BnF, Ms fr 1309, f° 37. Photo BnF.

CI-DESSOUS
Parce qu'ils étaient consommés par les paysans, le lait et les laitages étaient dédaignés par les élites sociales du Moyen Âge et de la Renaissance.
Paris, Musée du Petit Palais. © RMN/Agence Bulloz.

pouvoir être conservés, sont « caqués » (salés) ou fumés (on les appelle alors harengs saurs). Pêchés en Méditerranée, les thons sont conservés dans des barils dans lesquels on ajoute de l'huile d'olive. Les Basques, quant à eux, chassent les baleines qui viennent mettre bas dans le golfe de Biscaye. Lorsqu'un guetteur signale la présence d'un de ces cétacés, les pêcheurs s'empressent de mettre leurs barques à l'eau pour aller le harponner. Outre sa viande, la baleine fournit une graisse qui permet d'obtenir de l'huile dont on fait du savon, et son squelette peut être utilisé pour la charpenterie... Par ailleurs, les rivières et les fleuves, mais aussi les étangs et les viviers, fournissent des quantités importantes de poissons d'eau douce.

Le lait et les produits laitiers étaient, nous l'avons indiqué, des produits méprisés par les aristocrates en raison de leur statut d'aliments « de paysans ». Et puisque nous parlons du lait, arrêtons-nous un instant sur l'alimentation des nouveau-nés et des jeunes enfants. Pour les médecins de la Renaissance, comme pour ceux du Moyen Âge et de l'Antiquité, le nourrisson devait être allaité (de préférence par sa mère), et le plus longtemps possible... c'est-à-dire, idéalement, jusqu'à ce qu'il atteigne sa troisième année (le lait était toutefois complété par de la bouillie de céréales) ! Les mères qui décidaient de sevrer leur enfant plus tôt encouraient les foudres des moralistes. Dans un ouvrage publié en 1596, l'un d'eux n'hésitait pas à écrire que *« les mères qui n'ont cure de nourrir leurs enfans ou à tout le moins de leur pourvoir de bonnes nourrices, jusques à l'âge de trois ans* [...] *pèchent »*. Le respect de cette norme morale avait, il faut le reconnaître, un avantage indéniable : il limitait

l'effrayante mortalité infantile qui frappait en premier lieu les enfants soumis à un sevrage plus précoce.

Comme toutes les femmes de la noblesse, la reine Catherine de Médicis n'envisagea pas un seul instant d'allaiter elle-même ses enfants (la pratique aurait manqué de décence). Elle les confia à des nourrices qui firent bénéficier sa royale descendance du précieux aliment jusqu'à l'âge de 3 ans. Les enfants abandonnés au portail des églises par leurs parents n'avaient pas tous cette chance : ceux qu'on ne parvenait pas à confier à une mère de substitution étaient alimentés avec du lait (non bouilli !) de vache, de chèvre ou encore d'ânesse. À peine un sur dix en sortait vivant.

CI-DESSUS
Chaque pays et chaque région d'Europe possèdent leurs spécialités fromagères, telle la ricotta représentée ici. (*« Les Mangeurs de ricotta », Vincenzo Campi, XVIe siècle.*)
Lyon, Musée des Beaux Arts. Collection Dagli Orti.

CI-CONTRE
Qui veut du bon lait ?* proclame cette « Perrette » du XVIe siècle *(bois gravé en couleur, vers 1515).
Paris, Bibliothèque des Arts décoratifs. Collection Dagli Orti.

Corps gras

Les jours maigres, l'Église catholique interdisait l'utilisation du beurre et des autres matières grasses d'origine animale. Seule l'huile pouvait être employée : huile d'olive dans la zone méditerranéenne et, ailleurs, huile de noix, de lin, de pavot (ou œillette) ou encore de chènevis. Cette dernière désigne l'huile extraite du chanvre : cette culture permettait aux paysans d'obtenir à la fois des fibres pour la confection de leurs vêtements et des graines dont ils extrayaient la précieuse huile. Mais dans certaines régions comme la Bretagne, la Normandie ou la Flandre, l'huile, quelle que soit sa nature, était trop chère pour les plus pauvres et l'Église avait fini par concéder l'autorisation de cuisiner au beurre tous les jours de l'année.

CI-DESSOUS
Riches ou pauvres, les hommes de la Renaissance boivent beaucoup de vin *(tapisserie flamande de laine et de soie, début du XVIe siècle).*
Paris, Musée national du Moyen Âge – Thermes de Cluny.

Boissons populaires

Les médecins de la Renaissance, comme leurs prédécesseurs du Moyen Âge et de l'Antiquité, se méfiaient de l'eau. Dans l'ancienne diététique, celle-ci était en effet perçue comme un breuvage potentiellement dangereux pour la santé car très « froid » et très « humide ». C'est pourquoi on ajoutait à l'eau de boisson un peu de vin pour atténuer ces défauts. Même si nos ancêtres n'en avaient pas conscience, il est certain que l'eau pouvait présenter une mauvaise qualité bactériologique. De fait, les « flux de ventre » n'étaient pas rares et l'ajout d'alcool permettait, en purifiant l'eau, de réduire les risques sanitaires liés à sa consommation.

En revanche, Érasme, le grand humaniste hollandais de la Renaissance, estimait que les jeunes gens devaient privilégier l'eau plutôt que le vin : « *Il convient mieux à la chaude jeunesse de boire de l'eau. Voici les récompenses de ceux qui ont la passion du vin : des dents noires, des joues pendantes, des yeux chassieux, l'engourdissement de l'intelligence, une vieillesse prématurée.* »

Il n'en reste pas moins que ses contemporains, jeunes comme moins jeunes, habitants des villes comme des campagnes buvaient surtout du vin (ou de la piquette). Et généralement en grandes quantités (heureusement, son degré d'alcool était moins élevé qu'il ne l'est aujourd'hui). À l'instar du pain, ce breuvage avait une grande valeur symbolique : il constituait la seconde « espèce » de l'Eucharistie, représentant le sang du Christ. Et comme le pain, aliment de base des classes laborieuses du XVIe siècle, le vin fournissait à un prix abordable des calories nécessaires au travail manuel. Attestant de l'importance alors conférée à ce breuvage, la vigne couvrait des territoires bien plus étendus qu'aujourd'hui, colonisant la banlieue de Paris et les contrées du nord de la France (à une époque où les vins se conservaient mal, le besoin d'une production locale pour les nécessités du culte chrétien a contribué, pour partie, à cette expansion).

Les médecins de l'époque distinguaient quatre types de vins, qui correspondaient à des statuts sociaux différents. Il y avait tout d'abord les vins blancs qui, comme le pain blanc, étaient jugés particulièrement adaptés aux élites sociales. Venaient ensuite les vins clairets, de couleur rouge clair ou proche de nos rosés actuels. Peu colorés, ces vins étaient réputés légers et faciles à digérer par l'estomac « délicat » des nobles. Les deux dernières catégories étaient celles des vins rouges et des vins noirs. Elles convenaient aux paysans et aux travailleurs manuels des villes, individus dotés d'un estomac robuste et ayant besoin de breuvages nourrissants.

Dans les régions qui ne produisaient pas de vin, d'autres boissons fermentées se sont

CI-CONTRE
Ce détail d'un vitrail du XVIe siècle représentant des scènes de la vie du Christ fait peut-être référence au miracle des noces de Cana au cours desquelles Jésus change l'eau en vin.
Écouen, Musée national de la Renaissance.
© RMN/G. Blot.

CI-DESSUS
Le temps des vendanges constitue un moment important du calendrier des travaux agricoles *(tapisserie flamande de laine et soie, vers 1500).*
Paris, Musée national du Moyen Âge – Thermes de Cluny.

développées : cervoise, bière, cidre, pommé, poiré… Au XVIe siècle, la bière, mise au point dans les pays germaniques au Moyen Âge, a détrôné en France l'antique cervoise. Comme cette dernière, la bière est issue de la fermentation de malts, c'est-à-dire de grains de céréales germés que l'on a ensuite écrasés et recouverts d'eau. La principale différence vient de l'adjonction de cônes de houblon, une liane grimpante. Cette technique permet de stabiliser le breuvage obtenu et de le conserver plus longtemps (la cervoise devait être consommée rapidement après sa fabrication). De plus, la bière a une saveur amère appréciée par les amateurs.

De même, ce n'est qu'à partir du XVIe siècle que le cidre prend vraiment son essor et remplace pommés et poirés. Ces deux boissons étaient fabriquées à partir de pommes et de poires écrasées que l'on recouvrait d'eau. Mais les producteurs espagnols et ceux du Pays basque français introduisent en Bretagne et en Normandie la recette du cidre, ainsi que de nouvelles variétés de pommes et des techniques de culture plus productives. Les fruits sont pressés et seul leur jus est fermenté (on n'ajoute donc plus d'eau). Dans ces nouvelles régions de production, le cidre rencontre un tel succès qu'il supplante rapidement le vin et la bière.

Modes de cuisson

À la Renaissance, l'alimentation paysanne se distingue de celle des aristocrates, non seulement par les quantités, la variété et la nature des aliments consommés, mais aussi par la façon dont la nourriture est cuite. Les aliments des paysans sont essentiellement bouillis : les inventaires réalisés après le décès d'une personne et les fouilles archéologiques ont en effet révélé que, dans la batterie de cuisine des gens du peuple, ce sont les pots et les marmites de terre qui sont les plus répandus. Ces ustensiles permettent de cuire dans l'eau les légumes ainsi que les morceaux de lard qui (parfois) les accompagnent. Les « légumes racines » peuvent également être cuits sous la cendre chaude du foyer. Ces deux modes de cuisson présentent un avantage : elles permettent à la mère de famille de se consacrer à d'autres activités. À la différence de la cuisson sur un gril ou dans l'huile, la cuisson lente et douce dans l'eau ou dans la cendre n'exige pas une surveillance constante : le risque d'un accident domestique ou, simplement, de laisser brûler le repas est donc moindre.

Dans les humbles demeures paysannes, rares sont les poêles et les casseroles, les broches et les grils. Ces ustensiles de métal sont coûteux et, pour cette raison, inaccessibles aux couches modestes. En revanche, ils sont très présents dans les cuisines des puissants, permettant à ces derniers de consommer des aliments grillés, rôtis, frits ou mijotés à petit feu. Mais le goût des élites pour ces modes de cuisson n'est pas seulement une affaire d'habitudes ou de goûts « raffinés », ni même de moyens financiers… Depuis le haut Moyen Âge, les nobles valorisent

CI-CONTRE
Chez les paysans et les gens du peuple, le « bouilli » est le mode de cuisson le plus répandu. Les aristocrates privilégient quant à eux le grillé et le rôti, en partie pour des raisons symboliques *(Jan Brueghel, dit de Velours, XVIe - XVIIe siècle).* Trier, Stadtmuseum.

CI-DESSUS

Les médecins de la Renaissance accordent une grande importance à la cuisson des aliments. Celle-ci doit être conduite de façon à rendre plus aisée la digestion, condition d'une bonne santé.

Colmar, Musée des Unterlinden. © Dagli Orti/The Art Archive.

fortement le rapport étroit et direct, sans intermédiaire, entre l'homme et la nature sauvage. Or, le grillé permet aux flammes d'être directement au contact de la pièce de viande alors que le bouilli interpose, entre le feu et l'aliment, le récipient et l'eau de cuisson. Ainsi, le goût du grillé reposerait aussi sur sa valeur symbolique, bien supérieure à celle du bouilli.

Une des fonctions de la cuisson des aliments est de rendre ceux-ci plus faciles à digérer. Comme leurs confrères du Moyen Âge, les médecins de la Renaissance sont très attentifs à la qualité de la digestion des aliments : c'est, pour eux, une des conditions de la bonne santé. C'est pourquoi, à chaque type de viande, ils préconisent un mode de cuisson particulier, censé en faciliter la digestion. Ainsi les viandes grasses, réputées « humides », comme le cochon de lait, le porc frais, le gigot et l'épaule de mouton ou d'agneau, devaient être rôties… pour leur ôter leur excès d'eau. *A contrario*, les viandes maigres (le bœuf, le porc salé) devaient, parce qu'elles étaient « sèches », être bouillies pour s'imprégner de l'humidité qui leur manquait.

Henri IV, Sully et Olivier de Serres : la Renaissance agricole

« Si Dieu me donne encore de la vie, je ferai qu'il n'y aura pas de laboureur en mon royaume qui n'ait moyen d'avoir une poule dans son pot. »

C'est dans le contexte d'une conversation animée avec le duc Charles-Emmanuel de Savoie – et dans le but d'impressionner ce dernier – qu'Henri IV aurait prononcé cette célèbre formule. Mais les historiens actuels doutent fortement de sa véracité ! Le propos royal a en effet été rapporté… cinquante ans après la mort du « Vert Galant ». Deux siècles plus tard, Louis XVIII fera compléter la fameuse phrase par « *tous les dimanches* ». L'objectif était clairement politique : en montrant à quel point son lointain prédécesseur était déjà proche de son peuple, la précision visait à redorer le blason de la monarchie française.

Qu'il ait ou non été prononcé, ce vœu de la « poule au pot » symbolise la volonté, bien réelle, d'Henri IV de redonner sa vitalité à une France sortie exsangue de quarante années de guerres de Religion. De fait, le monarque ne ménage pas ses efforts pour que son royaume retrouve la prospérité économique du « beau XVIe siècle », c'est-à-dire du règne de François Ier.

L'agriculture est sa priorité : employant près de 90 % de ses sujets, elle est de très loin le premier secteur économique du royaume. Le préambule de l'édit de Fontainebleau sur l'agriculture (1599) exprime clairement cette conviction personnelle du roi : « *La force et richesse des rois et princes souverains consistent en l'opulence et nombre de leurs sujets. Et plus grand et légitime gain et revenu des peuples, même des nôtres, procède principalement du labour et culture de la terre, qui leur rend* [...] *à usure le fruit de leur travail, en produisant grande quantité de blés, vins, grains, légumes et pâturages* [...] » Fin politique, Henri IV sait aussi qu'une production céréalière insuffisante est une menace pour la paix sociale : l'incapacité à se nourrir jette sur les routes des hordes d'affamés qui se dirigent vers les villes où ils espèrent pouvoir accéder aux réserves de blé.

La première décision du souverain et de son fidèle Sully est de rétablir la sécurité dans les campagnes. En effet, après leur démobilisation, les mercenaires des armées catholiques et protestantes se sont reconvertis dans le « braquage » des paysans : ces *picoreux*, comme on les nomme, dévastent les champs en les traversant avec leurs chevaux et contraignent les cultivateurs à leur remettre les grains précieusement conservés pour les futures semailles. Une autre mesure importante est prise : elle consiste à alléger et à mieux répartir les tailles, c'est-à-dire les impôts directs dus par les paysans. De plus, en cas de non-paiement des dettes, leurs animaux d'élevage ne pourront plus être saisis par les agents chargés de la collecte des

CI-DESSUS
La « poule au pot » est un plat dont l'évocation nous fait immédiatement penser à Henri IV... Mais rien ne prouve que le roi ait réellement émis le souhait de voir chaque Français pouvoir en manger *(estampe, 1555).*
Paris, Muséum national d'Histoire naturelle, distr. RMN/image du MNHN, bibliothèque centrale.

CI-CONTRE
Pour Henri IV, le développement de l'agriculture est la priorité qui permettra de redresser l'économie du royaume après les guerres de Religion *(dessin de Jan Brueghel, dit de Velours, XVIe - XVIIe siècle).*
Lille, Palais des Beaux-Arts.
© RMN/H. Lewandowski.

« Labourage et pâturage estoient les deux mamelles dont la France estoit alimentée, et ses vraies mines et trésors du Pérou. » **(Sully, Oeconomies royales, 1638)**

Si tous les écoliers connaissent Sully et sa célèbre phrase, peu d'entre eux savent qu'avant de porter ce nom, il s'appelait Maximilien de Béthune et n'était « que » baron de Rosny. C'est Henri IV qui, quatre ans avant d'être assassiné par Ravaillac, créa pour lui le duché de Sully, en récompense des immenses services que son fidèle conseiller avait rendus au royaume.
Lorsque Henri de Navarre accéda au trône de France, il nomma ministre le gentilhomme huguenot qui, depuis longtemps, était son ami (Maximilien avait par miracle échappé aux massacres de la Saint-Barthélemy). Leur intérêt commun pour l'agriculture venait sans doute de leur bonne connaissance de la France rurale et de ses paysans : tous deux avaient passé leur petite enfance à la campagne (on sait que le jeune Henri de Navarre aimait jouer avec les enfants des paysans pyrénéens). Sully, comme son souverain, comprenait les difficultés du travail de la terre, soumis aux aléas de la Nature, et il souhaitait améliorer la condition des petites gens. Il fut la véritable cheville ouvrière du redressement de l'agriculture et de l'économie du royaume.

CI-DESSUS
Tout au long de son règne, Henri IV pourra compter sur l'appui de Maximilien de Béthune, son ami de jeunesse, qu'il nommera duc de Sully. Versailles, Châteaux de Versailles et de Trianon. © RMN (Château de Versailles)/Gérard Blot.

taxes. Henri IV et Sully décident également de supprimer nombre de péages qui entravaient la circulation des produits agricoles et d'améliorer les voies de communication.

L'élevage fait aussi l'objet de mesures de relance spécifiques. Le roi et son homme de confiance s'efforcent de favoriser la culture de la luzerne : cette plante fourragère permet de nourrir le bétail et aussi le sol qu'elle contribue à fertiliser. Mais les agriculteurs préfèrent semer des céréales, base de leur propre nourriture. Pour surmonter cette résistance, Henri IV et Sully proposent de semer la luzerne sur de nouveaux espaces. Ceux-ci seront gagnés sur les *« marais inondés d'eau* [...] *et presque inutiles, et de peu de profit* [...] *lesquels étant desséchés serviront à partie en labour et partie en prairies et*

CI-DESSUS
L'élevage du ver à soie est une des productions phares que le tandem Henri IV-Sully a cherché à promouvoir.
Berlin, Kupferstichkabinett (SMPK). © BPK, Berlin, distr. RMN/J. P. Anders.

CI-DESSUS
Sous le règne du « Vert-Galant », les campagnes françaises retrouvent leur vitalité et la production agricole s'accroît, éloignant pour un temps le spectre de la famine.
Londres, British Library. Photo AKG-Images.

pâturages ». Ils exhortent les nobles à retourner sur leurs terres de province et à les mettre en valeur, plutôt que de gaspiller leur argent pour « paraître » à la cour. Certains deviennent ainsi de véritables *gentlemen-farmers* et se passionnent à leur tour pour les expérimentations agronomiques.

Le duo s'intéresse aussi beaucoup aux travaux d'Olivier de Serres, entre autres ceux relatifs à l'élevage du ver à soie. Le développement de soieries *« fabriquées en France »* peut en effet permettre de limiter les coûteuses importations en provenance d'Italie.

Dans une France enfin pacifiée, cette politique volontariste produit des fruits : les espaces ruraux se repeuplent, les disettes sont plus rares et certaines années, la France parvient même à produire suffisamment de céréales pour en exporter une partie vers l'Espagne. La vigne, elle aussi, connaît un grand essor. Outre la luzerne, de nouvelles cultures se développent : sainfoin, plantes venues d'Amérique comme le maïs qui, à la fin du XVIe siècle, commence à se diffuser dans le Béarn, la terre natale du roi Henri. Vers 1600, apparaissent dans le sud-est du pays les premières cultures de haricots et de pommes de terre, légumes eux aussi originaires d'outre-Atlantique. L'artisanat, qui utilise des matières premières issues des champs et des élevages – lin, chanvre, laine, cuir, soie… – se développe et exporte même ses productions vers l'Allemagne et l'Espagne.

Un gentilhomme huguenot devient le « père de l'agronomie »

Olivier de Serres naît en 1539 dans le Vivarais (aujourd'hui département de l'Ardèche). À 19 ans, il s'installe sur un domaine de 150 hectares, le domaine du Pradel, pour y mener des expérimentations agronomiques qu'il conduit avec une rigueur toute scientifique. Esprit novateur, il s'efforce d'acclimater sur la terre de France les « plantes de la Découverte » – maïs, tomate, pomme de terre… – ainsi que d'autres espèces aussi variées que le coton, le safran, le riz, la canne à sucre, la garance ou encore le houblon. Il extrait également le sucre de la betterave… mais sans rencontrer le succès attendu. Ses travaux approfondis sur l'élevage du ver à soie et la culture du mûrier (arbuste dont on utilise les feuilles pour nourrir les chenilles) passionnent Henri IV. Le roi demande à l'agronome, déjà âgé de 60 ans, de l'aider à diffuser cette production dans l'ensemble du royaume. Des plants de mûrier accompagnés de leur « mode d'emploi » sont remis gratuitement aux propriétaires terriens de façon à les inciter à créer des magnaneries (exploitations agricoles spécialisées dans la sériciculture ou culture du ver à soie). Espérant que son exemple sera suivi, le roi fait planter des mûriers à Paris, dans les jardins des Tuileries, ainsi qu'à Saint-Germain-en-Laye et à Fontainebleau. Mais les résultats ne furent pas à la hauteur des espérances royales !

CI-DESSOUS
Le traité d'Olivier de Serres est l'un des plus anciens ouvrages d'agronomie publiés en langue française.
Paris, Musée de l'Histoire de France.
© RMN/Agence Bulloz.

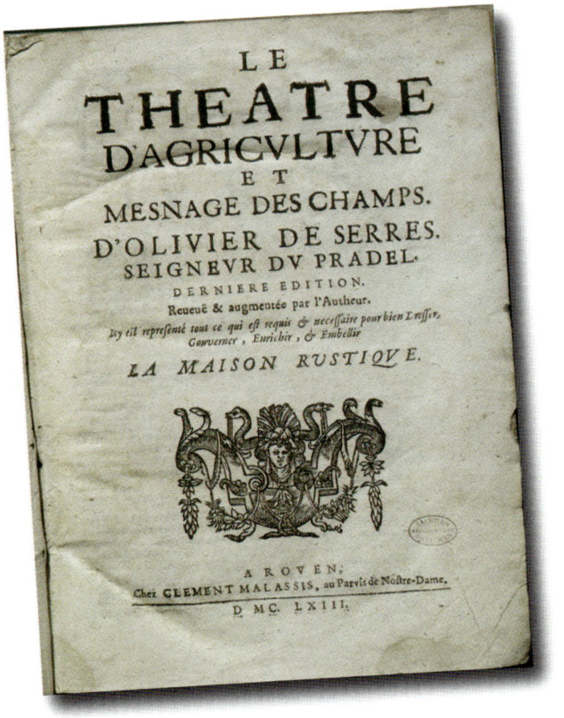

En 1600, le roi fait publier l'ouvrage qu'il a commandé à Olivier de Serres. Ce traité d'agriculture s'intitule : *Le Théâtre d'agriculture et mesnage des champs, où l'on voit avec clarté et précision l'art de bien employer et cultiver la terre, en tout ce qui la concerne, suivant ses différentes qualités et climats divers, tant d'après la doctrine des anciens que par l'expérience.* Dans ce recueil sont décrits les résultats des expériences agronomiques conduites sur les terres du Pradel. Aux nobles soucieux de faire fructifier leurs terres, l'auteur conseille de se montrer *« hâtif à planter, tardif à bâtir, diligent à édifier après avoir planté ».* Plus concrètement, il préconise l'abandon de la jachère et son remplacement par un assolement où alterneront céréales et plantes fourragères (luzerne, sainfoin) : ces dernières, en plus de nourrir les animaux, amélioreront la fertilité de la terre. Mais l'agronome ne se limite pas à parler d'agriculture : il évoque également l'alimentation, la santé, l'éducation à donner aux enfants *« pour qu'ils fassent prospérer le domaine familial ».* L'ouvrage connaît un rapide et immense succès… à commencer auprès du roi qui, tous les soirs, s'en fait lire quelques pages.

Olivier de Serres était protestant. Dix ans après sa mort, intervenue alors qu'il a atteint l'âge exceptionnel de 80 ans, Richelieu ordonne que le Pradel soit totalement rasé, qu'on en abatte les arbres et qu'on en détruise les cultures.

ALIMENTS DU NOUVEAU MONDE

Une abondance d'aliments totalement inconnus

Lorsqu'en 1492 Christophe Colomb et les membres de son équipage posent le pied sur le continent américain, ils sont frappés d'y découvrir une végétation luxuriante ainsi que de nombreuses denrées alimentaires qui leur sont totalement inconnues. Lors de leur voyage de retour vers l'Espagne, ils rapportent avec eux quelques échantillons de ces plantes dont ils ont vu les indigènes se nourrir. Année après année, les *Conquistadores* introduisent ainsi en Europe de nouveaux aliments parmi lesquels figurent de nombreux légumes : tomates, pommes de

À DROITE
Les *Conquistadors* espagnols découvrent dans le Nouveau Monde des variétés de fruits et légumes qu'ils n'ont encore jamais rencontrées.
Mexico, Palais du Gouvernement. © Dagli Orti/The Art Archive.

PAGE DE GAUCHE
Ce récipient funéraire en terre cuite représente une divinité du maïs *(culture Mochica, Pérou – vers 200-600 apr. J.-C.).*
© BPK Berlin, distr. RMN/W. Schneider-Schütz.

CI-CONTRE
Cette aquarelle de la seconde moitié du XVIe siècle représente un couple d'Indiens consommant des aliments ressemblant à des fruits.
Londres, British Museum.

terre, haricots, maïs, piments et poivrons, potirons et citrouilles… Des fruits « exotiques » – ananas et avocats, figues de Barbarie et fruits de la passion, goyaves et papayes – contribuent également, avec les noix de cajou et les arachides, à remplir les cales des Caravelles. Sans oublier le cacao et la vanille, deux produits qui, après ajout de sucre de canne, constituent une boisson dont vont bientôt raffoler les élites sociales du Vieux Continent. Deux espèces animales – deux seulement ! – complètent cette avalanche végétale : la dinde et le canard de Barbarie. D'autres aliments américains sont également appelés à connaître un grand avenir, mais pas en Europe : c'est le cas, notamment, du manioc et de la patate douce qui deviendront des aliments de base pour les populations africaines et asiatiques. Mais les transferts d'espèces ne se réalisent pas uniquement du Nouveau Monde vers l'Ancien. L'Europe, mais aussi l'Asie et l'Afrique, apporte à l'Amérique de très nombreux animaux et plantes absents ou disparus de son sol : bovins, ovins, chevaux… ainsi que blé, seigle, orge, riz, soja, vigne, bananes et agrumes. Les colons y implantent également des cultures originaires d'Afrique et d'Asie pour lesquelles la demande des riches Européens est en train d'exploser : la canne à sucre et le caféier. Dès le début du XVIe siècle, la mondialisation de l'alimentation est en marche !

L'Amérique redécouverte

Nous l'avons tous appris à l'école : c'est un dénommé Christophe Colomb qui a découvert l'Amérique. Le 12 octobre 1492, le navigateur génois a posé le pied sur l'île de *Guanahani*, dans l'archipel des Bahamas. Cependant, l'expression « a découvert » est, à bien des titres, inappropriée. Colomb n'est pas le premier humain à arpenter les terres américaines : il y a au moins 30 000 ans, des populations asiatiques ont commencé à traverser le détroit de Béring et, plus tard, des embarcations polynésiennes ont probablement atteint les rivages de l'Amérique du Sud. Colomb n'est pas non plus le premier découvreur européen : cinq cents ans avant lui, des Vikings ont installé une éphémère colonie sur l'île de Terre-Neuve, au nord-est du continent américain. De plus, Colomb lui-même, et jusqu'à l'heure de sa mort, n'imaginera jamais – ou, plutôt, ne voudra jamais admettre – avoir découvert un continent : il demeurera persuadé d'avoir débarqué en Asie. Car le rêve de « l'Amiral de la mer océane » n'était pas du tout de découvrir de nouveaux territoires, mais d'être le premier à ouvrir une route maritime permettant, en mettant le cap à l'ouest, de rejoindre les Indes. Dix ans après ce voyage couronné de succès, un autre navigateur, Amerigo Vespucci, prend conscience que ce sont bien des terres inconnues de ses contemporains qui ont été découvertes. Il les regroupe sous la dénomination de « Nouveau Monde ». Quelques années plus tard, cherchant comment baptiser ces nouvelles contrées, un jeune cartographe de Saint-Dié-des-Vosges a l'idée, pour rendre hommage à Vespucci, d'inscrire *America* sur la carte du monde qu'il est en train de dessiner.

CI-CONTRE
Lorsque Christophe Colomb pose le pied sur le continent américain, il découvre une multitude d'espèces végétales (légumes, fruits, céréales, tubercules...) qui lui sont totalement inconnues. (*« L'Arrivée de Christophe Colomb en Amérique », Jean-Théodore de Bry, estampe, 1594.*)
Berlin, BPK

Selon les aliments, des vitesses d'adoption très variables

Parmi les nombreuses espèces en provenance d'Amérique, certaines ont été adoptées par les mangeurs européens beaucoup plus vite que d'autres. Et certaines nations ou régions du Vieux Continent ont été plus promptes que leurs voisines à intégrer telle ou telle nouveauté « américaine » dans leur répertoire alimentaire. Lorsqu'elle s'est manifestée, cette méfiance initiale est compréhensible : aucun texte de l'Antiquité ou du Moyen Âge ne parle de ces espèces nouvelles et, ce qui est beaucoup plus perturbant, la Bible ne les mentionne pas non plus. Dans ces conditions, comment savoir si ces denrées exotiques sont sans danger pour la santé, si elles conviennent à des estomacs européens qui, cela est à l'époque perçu comme une évidence, sont si différents de ceux des « sauvages » ? Le premier critère permettant de répondre à ces questions est celui de la ressemblance, de la proximité morphologique entre la denrée exotique et les aliments consommés sur le territoire européen. De plus, le nouvel aliment doit, pour être définitivement adopté, être compatible avec les goûts et aussi avec les techniques culinaires des peuples européens.

Ainsi, le dindon (et la dinde) est une des rares innovations alimentaires à avoir été appréciée par les élites de la Renaissance… dès son arrivée en France. On peut l'expliquer en remarquant que ce gros volatile, une fois plumé, ressemble au paon et qu'il entre aisément dans la catégorie mentale des aliments considérés, à l'époque, comme « bons à penser ». Comme leurs ancêtres du Moyen Âge, les nobles du XVIe siècle continuaient en effet à apprécier – pour des raisons à la fois symboliques, sociales et diététiques – la chair des grands oiseaux tels le cygne, le héron ou le paon... Le dindon, ce nouveau venu, s'est donc inséré sans difficultés au sein de ce groupe d'aliments prestigieux. De surcroît, la chair du dindon est jugée bien plus tendre et savoureuse que celle du paon. D'où son succès immédiat… Dès 1534, Rabelais mentionne le dindon sous le nom de « *poulle d'Inde* » (c'est aux *Indes*, rappelons-le, que les premiers navigateurs pensaient avoir débarqué). En juin 1549, la dinde est présente sur les tables d'un banquet organisé par l'évêché de Paris pour Catherine de Médicis : lors du repas, 70 « *poulets d'Inde* » et 7 « *coqs d'Inde* » sont servis. En 1570, le festin de

CI-CONTRE
Le dindon est l'un des deux seuls aliments d'origine animale que les découvreurs de l'Amérique rapportent sur le Vieux Continent.
Mexico, Bibliothèque Templo Major.
© Dagli Orti/The Art Archive.

CI-CONTRE

Originaire d'Amérique centrale, le piment remplace rapidement le poivre long, une épice médiévale à la saveur très brûlante.

Paris, Muséum national d'Histoire naturelle, distr. RMN/image du MNHN, bibliothèque centrale.

CI-DESSUS
Le maïs est la base du régime alimentaire des Indiens d'Amérique centrale et du Sud. Introduite en Europe dès les toutes premières années de la « Découverte » (fin du XVe siècle), sa culture se développe rapidement dans de nombreuses régions.
Mexico, Palais du Gouvernement.
© Dagli Orti/The Art Archive.

noces du jeune roi Charles IX met de nouveau la dinde à l'honneur.

Un autre aliment, végétal celui-là, connaît également un succès rapide : le maïs. C'est Christophe Colomb qui, dès 1493, le rapporte en Espagne. Quelques mois auparavant, il avait accosté sur l'actuelle île de Cuba et avait noté dans son journal de bord que *« la terre* [y] *est très fertile. Elle produit en grande quantité une graine appelée par eux* [les indigènes] *mahiz qui, cuite, a une très bonne saveur de même que rôtie »*. D'emblée, les mangeurs européens assimilent le maïs au blé, leur propre céréale de base, ce qui confère à la plante américaine un certain prestige. Quelques années seulement après son introduction, on trouve trace de la culture du maïs en Andalousie, en Castille, en Catalogne et au Portugal. En 1523, la plante est déjà cultivée autour de Bayonne et atteint, quelques années plus tard, la région de Venise et les Balkans. Pour autant, elle ne prend pas la place du blé et des autres céréales (seigle, orge, avoine…). Le maïs est en effet semé sur les jachères et fournit du fourrage aux animaux. Lorsque les paysans désirent le consommer eux-mêmes, ils préfèrent le cultiver sur de petites surfaces, dans leur potager (cela leur évite de payer dîmes et redevances aux ecclésiastiques et seigneurs locaux). Mais cette règle souffre d'une exception : dans les sols pauvres du sud-ouest de la France, là où ne poussent vraiment bien que le millet, le sorgho et le panic, le maïs va progressivement remplacer ces cultures de plein champ. Dans un premier

CI-CONTRE
Comme le maïs, la tomate et la pomme de terre, le haricot est un des légumes que les Européens n'ont découvert qu'au tournant du xve et du xvie siècle.
Paris, Muséum national d'Histoire naturelle, distr. RMN/image du MNHN, bibliothèque centrale.

temps, les paysans locaux lui donneront d'ailleurs le nom de « gros millet » ou encore de « millet d'Espagne ».

Les haricots, eux non plus, ne surprennent pas outre mesure les hommes de la Renaissance : au Moyen Âge, leurs ancêtres consommaient déjà des phaséols, une espèce proche de la légumineuse américaine. Le mot haricot viendrait d'ailleurs du nom d'un plat médiéval (sans haricots bien sûr !) : le *héricot de mouton*, qui était une sorte de ragoût de viande (le verbe *haricoter* signifiant « *couper en petits morceaux* »). De même, le piment est immédiatement adopté par les Espagnols, qui trouvent dans cette épice un équivalent du poivre... mais bien meilleur marché que ce dernier. En effet, à la différence du poivre, le piment peut être aisément cultivé dans le sud de l'Europe. En revanche, les Aztèques font de cette brûlante épice un usage que n'apprécient pas les conquérants espagnols : ils la broient puis la mélangent au cacao, un autre produit « local ».

Des Conquistadores séduits par « le breuvage des dieux »

C'est au Mexique que les Européens découvrent pour la première fois le cacao. Hernan Cortés cherche à soumettre l'Empire aztèque et, en 1519, il rencontre l'empereur Moctezuma II. Ce dernier lui propose de déguster du *xocoatl*, une boisson strictement réservée aux dignitaires aztèques et dont lui-même consomme chaque jour jusqu'à cinquante coupelles (en or massif bien sûr !). Le breuvage est obtenu à partir des fèves (des graines) contenues dans les fruits d'un arbre, le cacaoyer. Ces fruits sont appelés aujourd'hui cabosses. Le mot vient de l'espagnol *cabeza*, et du vieux français *caboce*, qui signifient « tête » : la cabosse a en effet une forme qui rappelle la tête allongée des dignitaires Mayas (une déformation pratiquée volontairement dès la naissance pour les distinguer des gens du peuple). Pour les Mayas – une civilisation qui s'était développée dans la péninsule du Yucatan –, le cacao était un symbole de résurrection : sa représentation graphique sur des vases funéraires accompagnait les personnes de sang royal dans leur voyage vers l'au-delà. Chez leurs voisins Aztèques, la fève de cacao était dotée de vertus magiques et considérée comme un bien aussi précieux que l'or (Moctezuma II l'avait d'ailleurs imposée comme monnaie dans son empire). Mais la culture du cacaoyer existait bien avant l'avènement de ces deux civilisations : 2700 ans avant elles, les Olmèques cultivaient déjà cet arbre. Et des archéologues ont récemment prouvé que du

CI-CONTRE
Les terres antillaises vont accueillir les plantations de canne qui, travaillées par des esclaves africains, permettront de produire du sucre à faible coût et d'approvisionner les marchés européens.
BnF, Estampes et Photographies, XVIIIe siècle. Photo BnF.

chocolat chaud avait été consommé six siècles avant le début de l'ère chrétienne (un pot de terre cuite datant de cette époque et contenant des résidus de cette boisson a été découvert en 2002 au Belize).

Cortes est fasciné par la vénération que les Aztèques portent au chocolat. Lui-même et ses compagnons d'aventure reconnaissent le caractère fortifiant de cette boisson : *« Lorsqu'on l'a bu, on peut voyager toute la journée sans fatigue et sans avoir besoin de nourriture. »* Des vertus aphrodisiaques lui sont également attribuées… expliquant la grande consommation de Moctezuma II. Il n'en faut pas plus pour que le conquistador espagnol décide d'envoyer une cargaison de fèves de cacao à Charles Quint, son propre empereur.

Au « breuvage des dieux » – c'est le sens du latin *Teobroma* qui est le nom scientifique du cacaoyer – les Aztèques ajoutent, pour l'épaissir et l'aromatiser, de la farine de maïs, de la vanille, du piment, des graines de roucou (qui lui donnaient une couleur rouge très appréciée) et même, parfois, des champignons hallucinogènes ! Le liquide est ensuite battu vigoureusement puis dégusté… froid. Pour original qu'il soit, ce mode de préparation n'est pas vraiment du goût des Espagnols qui, dans un premier temps, se contentent d'utiliser le chocolat en usage externe, pour apaiser les brûlures ! On dit que c'est une sœur carmélite installée au Mexique qui, un jour, a l'idée d'adoucir l'amertume naturelle du chocolat en y ajoutant du sucre de canne. Le résultat séduit l'Espagne aristocratique puis, vers la fin du XVIe siècle, les cours européennes. Dès 1580, la première fabrique de cacao voit le jour en Espagne. Et en 1609, un autre atelier ouvre ses portes à Bayonne. Face à cet engouement, l'Église catholique réagit : cet aliment venu d'ailleurs est-il une boisson ou une nourriture ? Est-il compatible avec le jeûne du Carême ? Les Dominicains affirment que sa consommation doit, au même titre que la viande et d'autres produits animaux, être strictement interdite en période de Carême. *A contrario*, les Jésuites plaident en faveur d'une autorisation (il est vrai qu'ils sont eux-mêmes à la tête d'un lucratif commerce de fèves de cacao entre les Amériques et l'Europe). L'Inquisition leur donne raison : le chocolat est bien une boisson et, à ce titre, peut être consommé tous les jours de l'année.

CI-CONTRE
Pour les Aztèques du Mexique, le chocolat – non sucré mais mélangé à de la poudre de piment – était une boisson très prestigieuse, réservée aux élites *(Indienne mexicaine préparant le chocolat, 1553).*
Madrid, Musée d'Amérique. © Dagli Orti/The Art Archive.

Pommes de terre et tomates suscitent la plus grande méfiance

En revanche, d'autres aliments mettront beaucoup plus de temps – trois siècles ! – avant de conquérir les palais des mangeurs français. C'est le cas de la tomate et de la pomme de terre. Cette dernière s'implante pourtant assez rapidement en Europe mais la France, à l'exception de quelques régions, la boude… jusqu'à la fin du XVIIIe siècle. Vers 1570, la pomme de terre est déjà consommée dans le sud de l'Espagne, en Italie et aux Pays-Bas. En 1600, le Français Olivier de Serres note l'avoir rencontrée dans les Alpes, puis sa culture est pratiquée dans le Vivarais. Mais, dans leur grande majorité, les paysans français se méfient de la pomme de terre et la destinent à leurs cochons (pendant longtemps, le tubercule pâtira de ce statut de nourriture pour les animaux ou pour temps de disette). Se développant sous la terre froide et humide, de petite taille, de couleur foncée et de forme cabossée, le tubercule présente en effet un aspect bien peu attractif. De plus, la pomme de terre possède un défaut encore plus grave, qu'elle partage avec la tomate : ces deux plantes, font remarquer les botanistes français de l'époque, appartiennent à la même famille, celle des *Solanacées*. Une famille à la très mauvaise réputation car elle compte aussi des végétaux que les Européens connaissent depuis toujours mais redoutent plus que tout : la belladone aux baies mortelles, la mandragore dont les sorcières utilisent les racines, la jusquiame toxique ou encore le datura, une plante fortement hallucinogène dont l'ingestion d'une seule petite poignée de graines suffit à entraîner la mort.

C'est au Mexique que les *Conquistadores* découvrent les tomates. Les Aztèques qui les cultivent leur ont donné le nom de *tomatl*. Ils en font une sauce à laquelle ils incorporent des piments. Les Espagnols

CI-CONTRE
Il faudra près de trois siècles à la pomme de terre pour être adoptée par l'ensemble des Français *(dessin représentant des paysans incas récoltant des pommes de terre, 1515).*
Pérou, Quéchua. © Dagli Orti/The Art Archive.

CI-DESSUS
Découvert par Christophe Colomb en Amérique centrale, l'ananas reste une « rareté » en Europe tout au long des XVIe et XVIIe siècles.
Source à compléter

ramènent dans leur pays natal des graines de ces tomates. Comme toutes les richesses dont regorgent les cales des caravelles et des galions, ces pépins débarquent à Séville. Mais c'est dans le royaume de Naples – alors possession de la Couronne espagnole – que l'on trouve mentionnée pour la première fois la culture et la consommation de ce légume-fruit. Vers 1550, un botaniste italien le baptise *pomo d'oro* (pomme d'or), nom qu'il a conservé jusqu'à nos jours dans la Péninsule. Si les Italiens adoptent rapidement la tomate, celle-ci mettra en revanche plus de deux cent cinquante ans avant d'être reconnue comme comestible dans le reste de l'Europe, y compris en France. Les tomates, à l'instar des pommes de terre, sont en effet suspectées d'être toxiques. Vers la fin du XVIe siècle, un botaniste flamand écrivait à leur propos que *« leur odeur forte et nauséabonde nous signale suffisamment combien il est dangereux d'en consommer »*. Olivier de Serres notait lui aussi que *« ses fruicts ne sont bons à manger : seulement sont-ils utiles en la médecine, et plaisans à manier et à flairer »*. La tomate ne trouvait grâce à ses yeux que comme plante ornementale, pour couvrir les tonnelles des jardins.

CI-DESSUS

À l'image de la pomme de terre, la tomate suscitera pendant longtemps des craintes liées à son appartenance à une famille botanique qui compte de nombreuses plantes toxiques ou à la réputation « sulfureuse ».

Paris, Muséum national d'Histoire naturelle, distr. RMN/image du MNHN, bibliothèque centrale.

CONCLUSION

Dans l'histoire de l'alimentation des élites sociales françaises, la Renaissance a représenté un tournant majeur. C'est en effet à partir du XVIe siècle que la façon de se nourrir – et de se tenir à table – a commencé à se modifier, s'éloignant peu à peu des habitudes médiévales. Ces changements, amorcés sous le règne de François Ier, ne feront que s'amplifier tout au long des deux siècles suivants…

Le XVIIe puis le XVIIIe siècle verront ainsi s'affirmer encore plus la place des légumes, des légumes secs et des champignons, aliments que les puissants avaient dédaignés tout au long du Moyen Âge. De même, les fruits sous toutes leurs formes (crus et cuits) seront encore davantage présents sur les tables des riches. Peu à peu, ces fruits migreront vers la fin du repas. En lui-même, ce processus constituera une petite « révolution » : le sucré et le salé ne seront plus associés dans le même mets mais deviendront antinomiques. Le XVIIe siècle verra aussi la disparition de la consommation des grands volatiles et, parallèlement, l'essor des viandes de boucherie. Mais il faudra attendre le siècle suivant pour que les nobles et les bourgeois aisés adoptent définitivement la fourchette et l'assiette et prennent leur repas dans une vraie « salle à manger ». De même, trois bons siècles seront nécessaires pour que tomates et pommes de terre, découvertes en Amérique à la fin du XVe siècle, fassent réellement leur entrée dans l'alimentation de nos ancêtres.

La Renaissance est aussi le point de départ d'une lente mais profonde évolution dans le domaine des assaisonnements. Les épices, qui demeuraient encore très prisées au XVIe siècle, déclineront rapidement à partir du début du siècle suivant. Il en sera de même de l'emploi du sucre dans les sauces. À l'inverse, le beurre sera de plus en plus utilisé. Le gras apparaîtra en effet comme respectant mieux le goût naturel des aliments, une tendance nouvelle dont les cuisiniers du siècle de Louis XIV feront la promotion. Ce sont eux qui seront à l'origine de la « grande cuisine » française, dont l'hégémonie ne fera que s'accroître : les élites étrangères reconnaîtront bientôt la suprématie de l'art culinaire français et éprouveront à son égard une fascination égale à celle exercée par les fastes de la cour de Versailles.

Ces mêmes cuisiniers du XVIIe siècle seront également les premiers à s'affranchir des prescriptions diététiques des médecins. À l'époque de la Renaissance, ces derniers exerçaient encore une grande influence non seulement sur le choix des aliments mais aussi sur la façon de les cuisiner et de les manger. Mais au siècle suivant, les mentalités ayant évolué, la gourmandise pourra commencer à se déployer sans entraves…

PAGE DE GAUCHE
C'est seulement à partir du XVIIIe siècle que les membres des couches aisées de la société prennent leur repas dans une « salle à manger » et disposent chacun d'une fourchette et d'une assiette ***(détail d'une scène de banquet, 1755).***
Venise, Musée Ca Rezzonico. © Collection Dagli Orti.

■ Table des matières

■ Bibliographie sélective

FLANDRIN Jean-Louis et MONTANARI Massimo dir., *Histoire de l'alimentation*, Paris, Fayard, 1996.

FLANDRIN Jean-Louis et COBBI Jane (sous la direction de), *Tables d'hier, tables d'ailleurs.* Paris, Odile Jacob, 1999.

MONTANARI Massimo, *La Faim et l'abondance. Histoire de l'alimentation en Europe*, Paris, Le Seuil, 1995.

QUELLIER Florent, *Gourmandise, histoire d'un péché capital*, Paris, Armand Colin, 2010.

QUENEAU Jacqueline, *La Grande Histoire des arts de la table*, Paris, Aubanel, 2006.

RAMBOURG Patrick, *Histoire de la cuisine et de la gastronomie françaises*, Paris, Éditions Perrin, collection Tempus, 2010.

TOUSSAINT-SAMAT Maguelonne, *Histoire naturelle et morale de la nourriture*, Paris, Larousse, collection In Extenso, 1997.

Éditeurs
Henri Bancaud et Matthieu Biberon

Coordination éditoriale
Caroline Brou

Mise en pages
Studio des Éditions Ouest-France

Photogravure
graph&ti, Cesson-Sévigné (35)

Impression
Mame Imprimeurs, Tours (37)

Édilarge SA, Rennes
ISBN 978-2-7373-5117-4
N° d'éditeur : 6222.01.4,5.03.11
Dépôt légal : mars 2011
Imprimé en France
www.editionsouestfrance.fr